球体ポップアップカード　スフィアについて

この本には4種類の形を掲載しています。
smallは、いちばん小さくシンプルなつくり。
次にもう少し大きなmidiumが2種類。1は正面から見たときにモチーフがしっかりと見えるように改良したバージョンです。2はリングが細く、正面はありますが縦横にモチーフが付いているので、いろいろな角度から楽しめます。
largeはいちばん大きなタイプ。リングの数も多くてより球体のおもしろさがあります。
複雑なので、small、midiumと作った後にチャレンジしてもらえればと思います。

球体ポップアップカードは、リングはそのままで中のモチーフを変えることが出来ます。
本書に掲載以外の、オリジナルモチーフを作って楽しんでください。

Contents

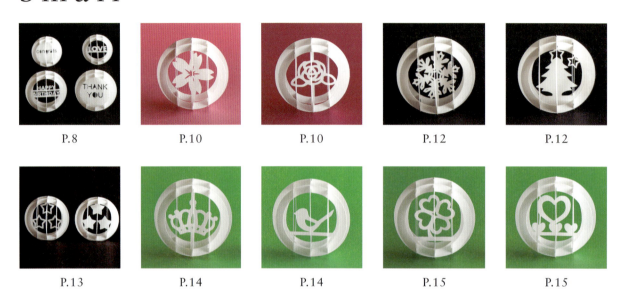

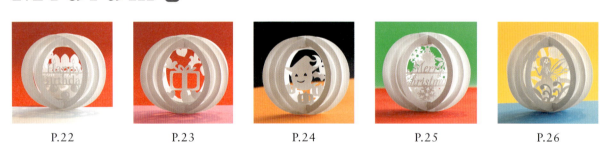

SPHERE

不思議な
球体
ポップアップカード

Seiji Tsukimoto
月本せいじ

prologue

私は幼い頃からものを作ることが好きで、気になる玩具があればまずは自分で作ろうとするような子供でした。そして自分で作ったものが大好きで、完成品を並べて眺めることがとても楽しかったのを覚えています。

飛び出す絵本を初めて触ったときもとても感動しました。そしていつか自分のオリジナルの飛び出す絵本を並べて飾りたいと強く思うようになり、飛び出す絵本作りの第一歩として、ポップアップカードを作り始めました。

ポップアップカードの組み立てには、なるべく接着剤を使わないようにしています。接着剤を使わずに紙だけで構成された作品がいちばん美しいからです。製本まで接着剤を使わずに作っていましたが、なかなか納得出来る作品になりません。それならば、いっそ製本をしない作品にすればよいのではと思ったのが球体ポップアップカード「スフィア」の誕生のきっかけでした。

球体ポップアップカード「スフィア」は、軽く力を加えると平面から球体へと変形する新しいペーパーアートです。まるで球のような姿から「スフィア」（球体、天体）と呼んでいます。球体ポップアップカードに新しい技術はありません。飛び出す絵本やポップアップカードの基本的な技術のみで構成されています。製本しない、印刷しない、接着剤や糸を使わない。自分にとって必要でないものを取り払い、好きなものだけを残して完成した作品です。見た目が美しく、飛び出す絵本ともポップアップカードとも違う、新しい魅力のある作品になりました。

球体ポップアップカードは、簡単に作れる作品ではないかもしれません。しかし完成したときの楽しさや満足感はあると思います。書籍化にあたって、普段は製作していないsmallタイプの作品を考えました。まずはこの簡単な作品から始めて、形のおもしろさと作る楽しさを感じてほしいと思ったからです。

皆様に球体ポップアップカード「スフィア」を楽しんでいただければ幸いです。

月本せいじ

P.32

P.34

P.35

P.36

P.38

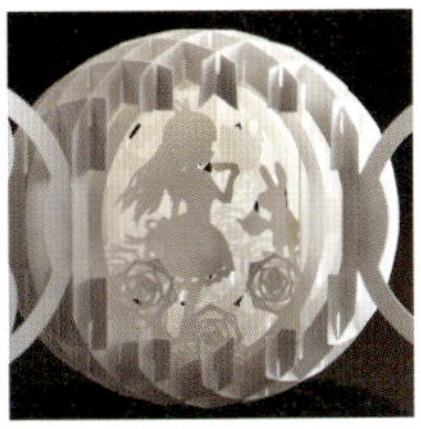

P.48

P.50

P.51

SPHERE

Small

いちばん小さく、いちばん簡単に作れるスフィアです。直径は7cm、6枚のリングで構成され、中心にモチーフが1枚入ります。たくさん並べて飾ったり、モビールにしても小さいかわいらしさが生きてきます。smallサイズは普通の厚みの画用紙でも大丈夫。気軽にどんどん作ってください。

組み立て方 ……› P.18

Self-defence in international Law
Ryoichi Taoka

型紙 ……> P.66, 67

message

メッセージを切り抜いて思いを伝えてみませんか。文字の形にカットするか、文字をくり抜くか、2通りの楽しみ方が出来ます。また文字のタイプでも印象が変わるのがおもしろいところ。

型紙 ……› P.66, 68

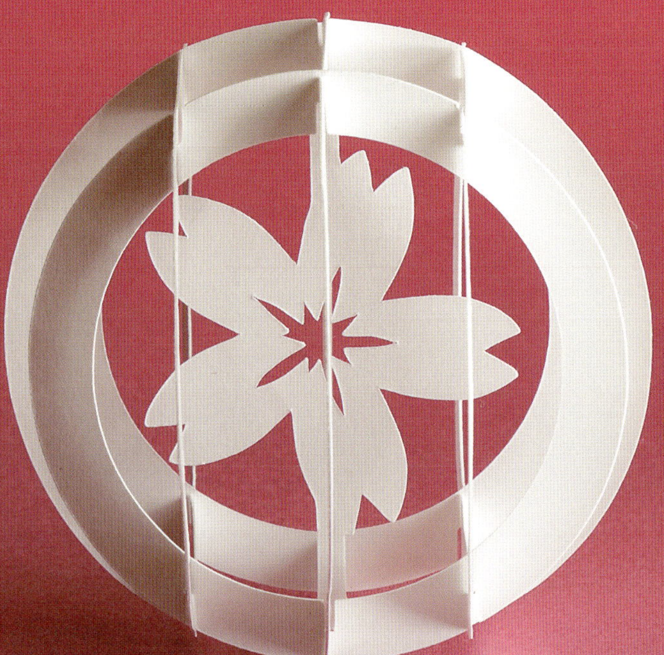

さくら

一輪のさくらの花をモチーフにしました。さくらは、分かりやすくて印象的な花。春のカードとしていかがでしょうか。

型紙 ……› P.66, 69, 97, 98

ばら

ステンドグラスのように縁取りで描いたばらの花です。ころんとした丸い形でかわいらしさを表現しました。

型紙 ……› P.66, 69

たたんだところ。 前後のリング
がぴたりと合わさってきれいです。

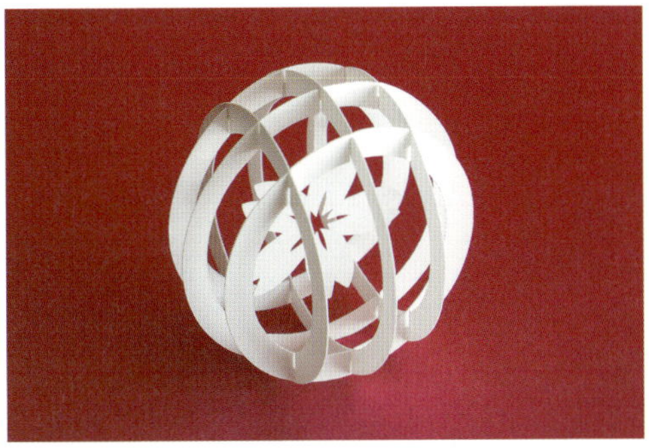

斜めから見るとより立体的でリ
ングのおもしろさが出ます。

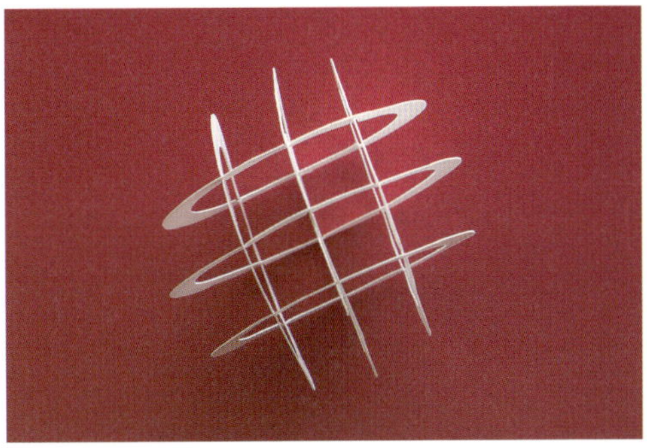

上から見ると6枚のリングで構
成されているのがよく分かります。

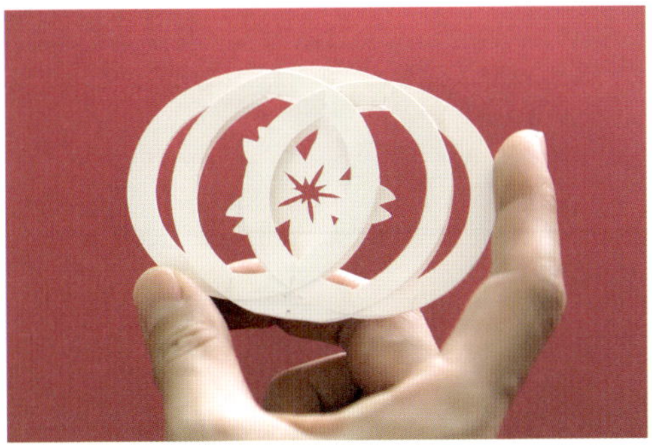

両端を押しながら前後に動かすだけで立体になります。

雪の結晶は繊細で絵になるモチーフです。 結晶の細かな部分は切り目が入っていたり、 穴があいているだけでもかまいません。

型紙 ……› P.66, 69

星が輝くツリーは定番のモチーフ。雪をかぶったような白いツリーは、シンプルなので作りやすいカードです。

型紙 ……› P.66, 69

規則正しく並んだ3つの星たち。左と右はまったく同じ形ですが、中をくり抜くだけで印象が変わります。

型紙 ……› P.66, 69

王冠

王冠のモチーフはシンプルですが、細かいカーブが多いのでゆっくり丁寧に切ってください。

型紙 ……› P.66, 70, 99, 100

小鳥

周囲のリングが鳥かごのように見える、スフィアならではのおもしろさがあります。お部屋に飾ってもすてきです。

型紙 ……› P.66, 70

四ツ葉のクローバー

いっぱいのハート

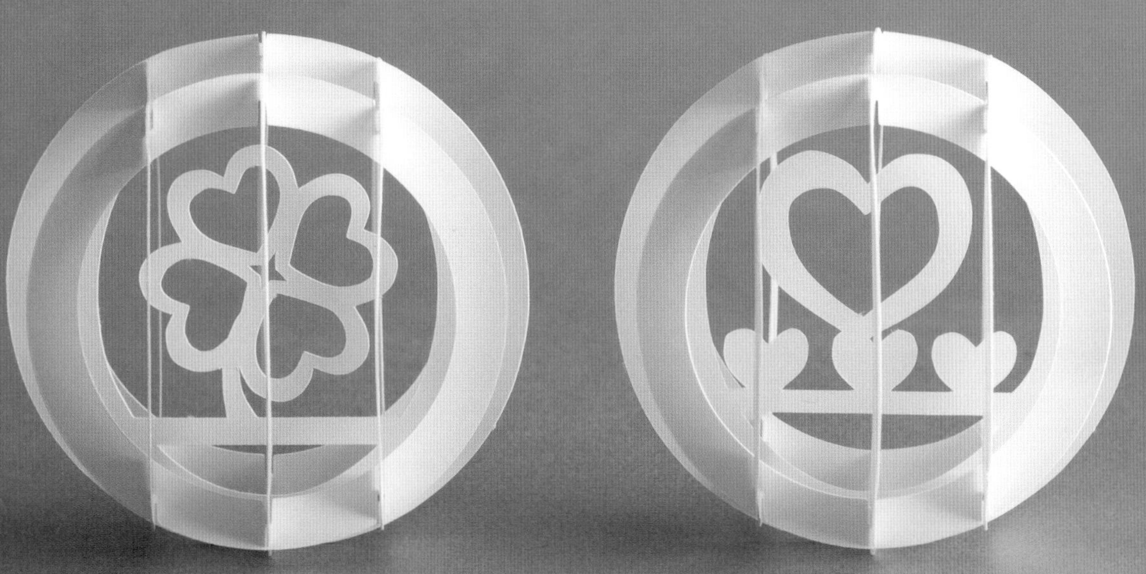

幸せを運んでくれるという四ツ葉のクローバー。大切な人の幸せを願ってプレゼントしたいカードです。

型紙 ……› P.66, 70

大きなハートと小さなハートを組み合わせたシンプルなカード。バレンタインデーにもぴったりです。

型紙 ……› P.66, 70

色紙を使うと、少しポップさが出て
かわいらしい印象になります。

上下を糸でつないで
つり下げればモビール風に。

smallの組み立て方

いちばん簡単でシンプルなタイプです。このタイプを組み立てると基本の構造がよく分かるので、まずはここから始めるのがお勧めです。

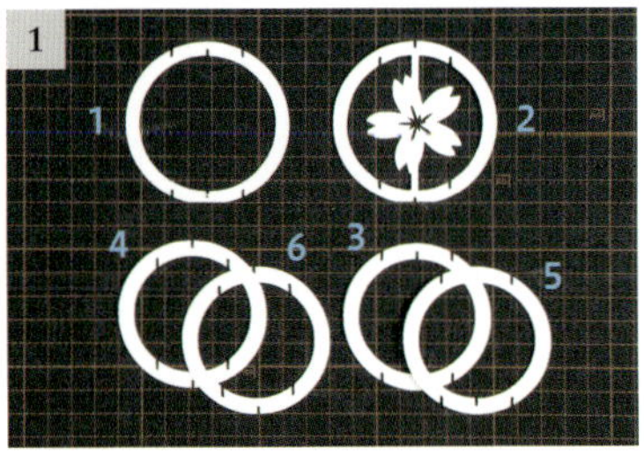

6枚のリングを縦横3枚ずつ格子状に組み合わせて構成します。1と2が中心、3～6が両側になるリングです。

1と2のリングの中央の切り込みを合わせて組み合わせます。

上から見ると十字に組み合わさっています。

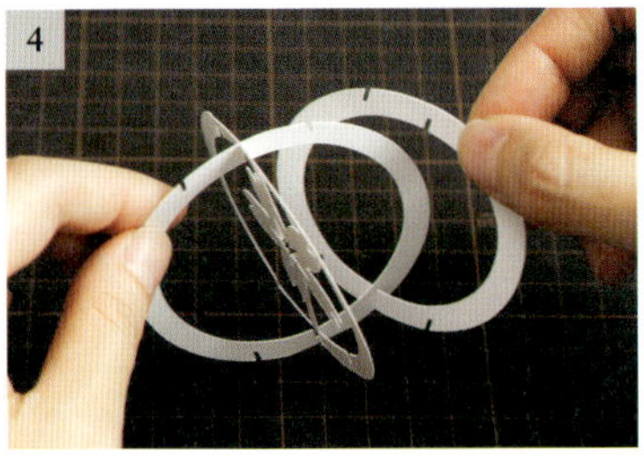

次に3のリングを入れます。切り込みは、上下どちらから組み合わせてもかまいません。

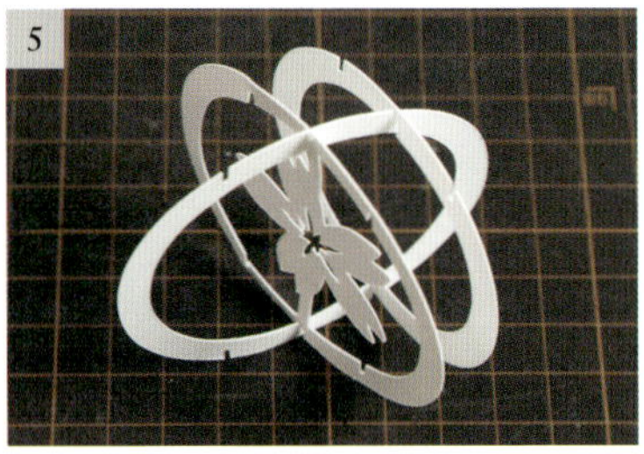

2のモチーフのリングと平行に3のリングが入りました。

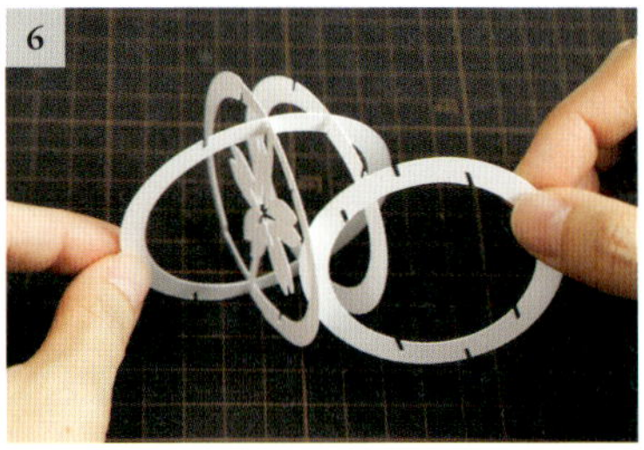

次は2のリングと直角に交わる4のリングを組み合わせます。まず中心の2のリング、次にそのとなりの3のリングというように中心から端に向かって順に組み合わせます。

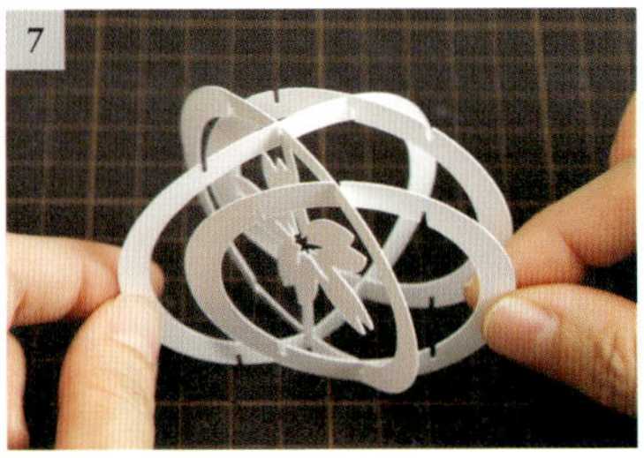

中心の2のリングに上下を組み合わせたところ。

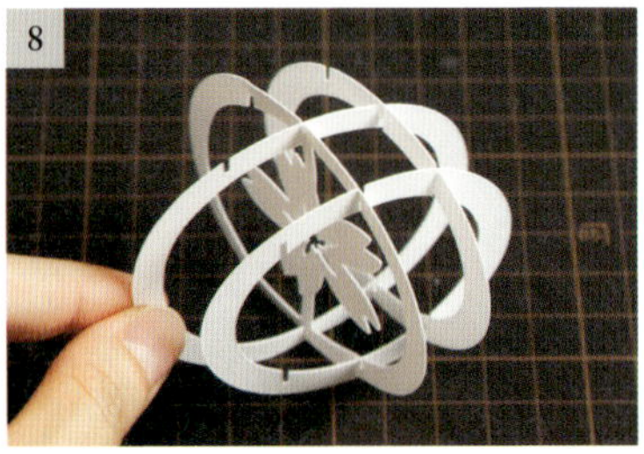

次にとなりの3のリングにも組み合わせます。縦横2枚ずつリングが組めました。

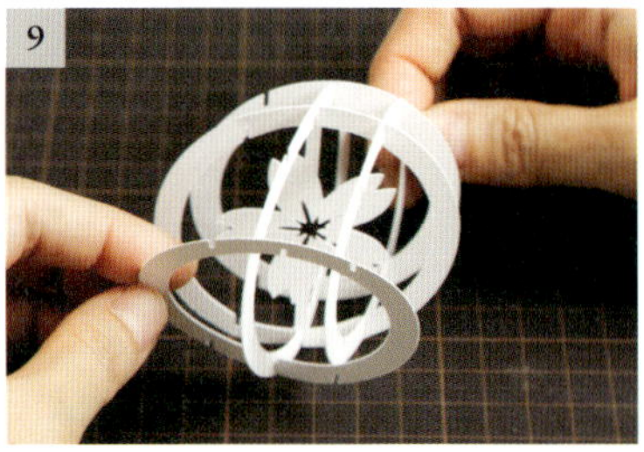

次に2のモチーフと平行のリング5を組み合わせます。順番は同じです。

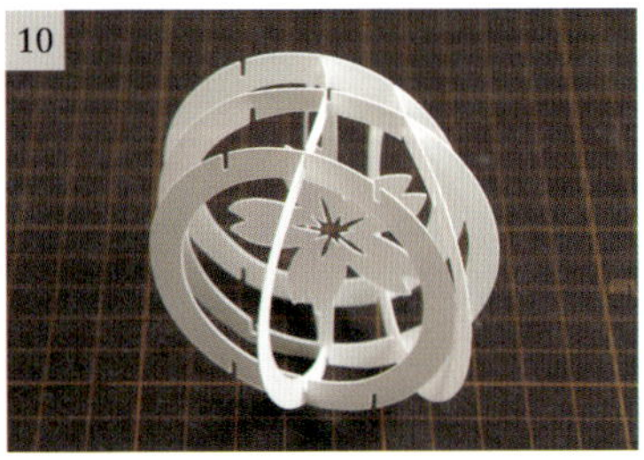

まず中心を組み合わせたところ。

しっかりと切り込みを合わせましょう。

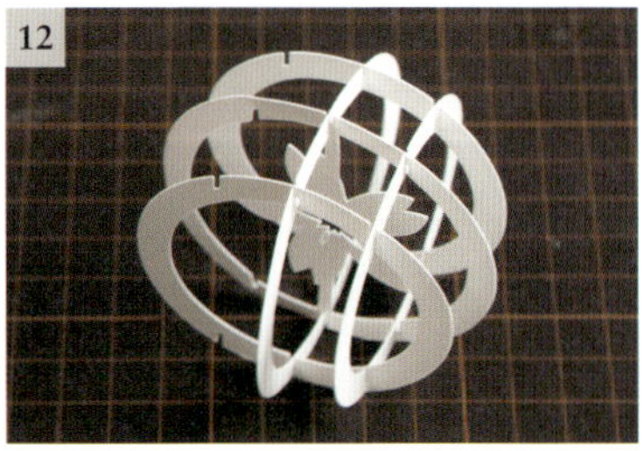

横のリングがすべて入りました。あと残り1枚です。

13

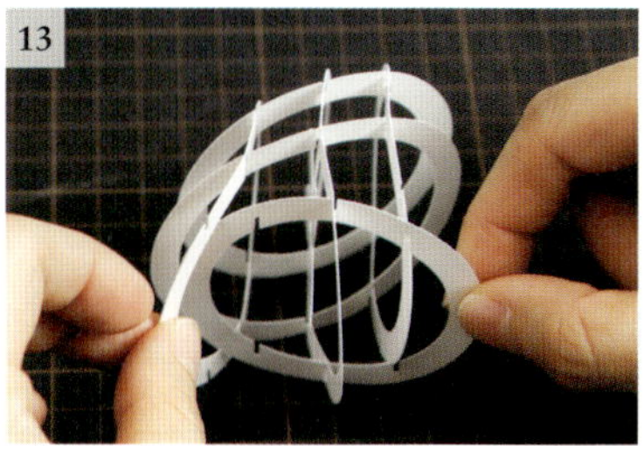

最後の6のリングを組み合わせます。まず中心、次に両端の順です。

14

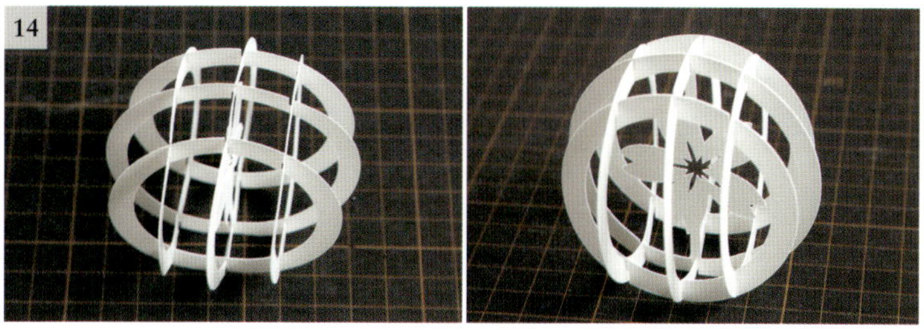

すべてのリングが格子状に組み合わさりました。

15

最後にアイロンをかけます。高温で3秒ほど押さえることで、厚紙がパリッときれいになります。

16

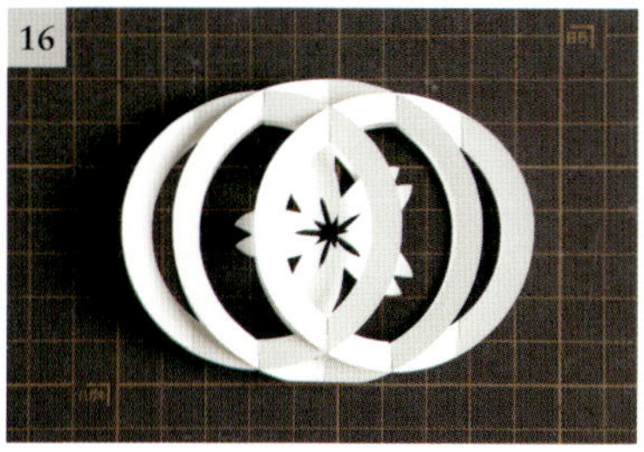

完成です。

リングの組み合わせ方を順を追って解説しましたが、smallとmidiumサイズは、中心からその両端の順に組み合わせていくのが基本です。組み合わせる順番は左右前後どちらからでもかまいません。縦の次は横、というように格子を作るように組み合わせます。リングの切り込みの合うパーツを組み合わせ、間違っても簡単にはずせるので、やり直せばOKです。

SPHERE

Midium 1

中サイズのスフィアです。リングの直径は8cmなのでsmallよりも1cm大きいだけですが、パーツが増えて複雑になります。9枚のリングで構成され、中心にモチーフが3枚入ります。この3枚のモチーフを重ねることでぐっと奥行きが生まれます。斜めの位置でリングを交差させるので、正面から中心のモチーフがはっきりと見えます。

組み立て方 ……› P.28

Happy Birthday

定番のお誕生日カード。 いちごのつぶつぶは、 目打ちや針などの先のとがったもので刺して穴をあけるだけでOKです。

型紙 ……› P.71, 72

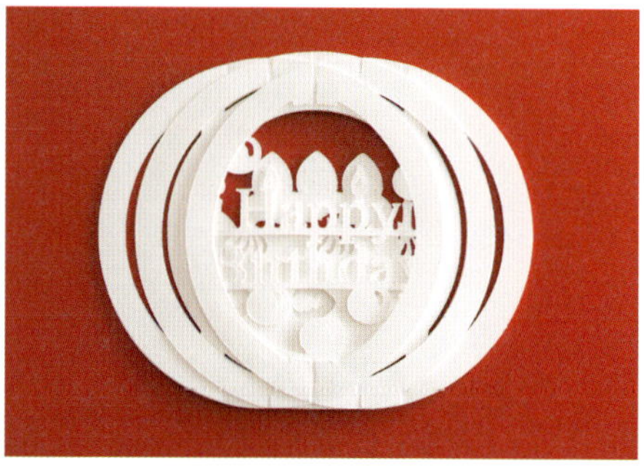

ぺたんこにたたんでも正面からモチーフがしっかりと見えます。

プレゼント

プレゼントボックスと小鳥を組み合わせた、汎用性の広いデザインです。いろいろなお祝いの場面で使えます。

型紙 ……› P.71～73

シンプルなデザインは、モチーフの形と奥行き感がよく分かります。

ハロウィン

インテリアにしても楽しい1枚。キャンドルでライトアップすれば、いっそうおばけやかぼちゃが浮かび上がります。

型紙 ……〉 P.71, 72, 74

角度を変えれば後ろのおばけが見えてきます。

Merry Christmas

繊細なデザインのクリスマスカードです。雪の結晶やツリーの内側の葉っぱは、くり抜かずに切り込みを入れるだけでかまいません。それだけでも複雑さが増してリアルに見えます。

型紙 ……› P.71, 72, 75, 101～104

後ろ側にも雪の結晶が隠れています。ぐるりと全体を楽しめるのも球体ならではです。

すずらんと妖精

そっと花畑をのぞいたら見つけたような、
少しメルヘンチックでキュンとする妖精
のデザインです。 髪や羽は強弱のある
ラインでニュアンスを出します。

型紙 ……〉 P.71, 72, 76

角度を変えるとリングに隠れている花が見えます。

リングの位置は斜め、モチーフは正面になるように組み立てます。

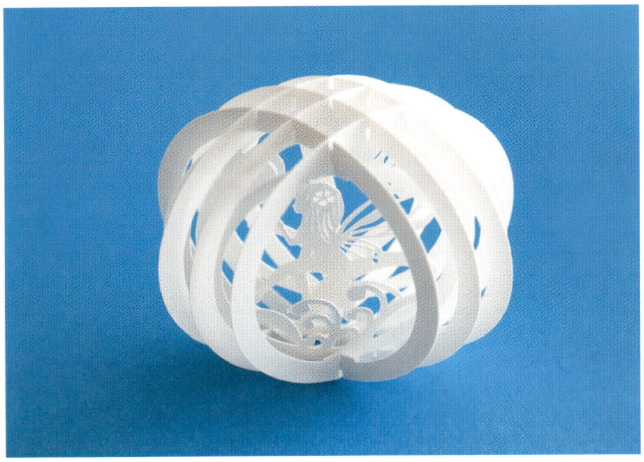

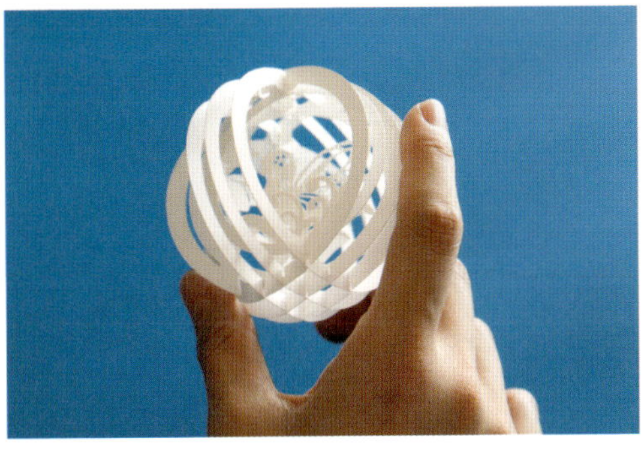

閉じているときはリングが2枚重なっているので、上下にずらすようにリングを押すと立体になります。

midium❶の組み立て方

smallよりもリングの数は増えますが、組み立て方は簡単です。
正面から見て斜めに交差するリングの間にモチーフが入ります。

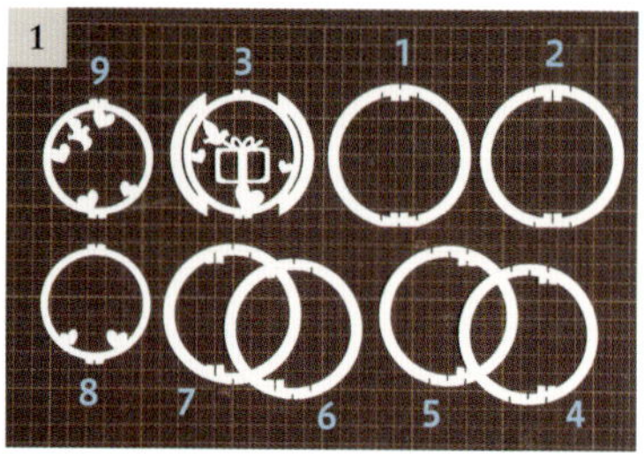

リングの数は9枚、3枚の斜め格子の間にモチーフが3枚入る構成です。1と2が中心、4、5、6、7はその両側、3、8、9が正面のモチーフです。

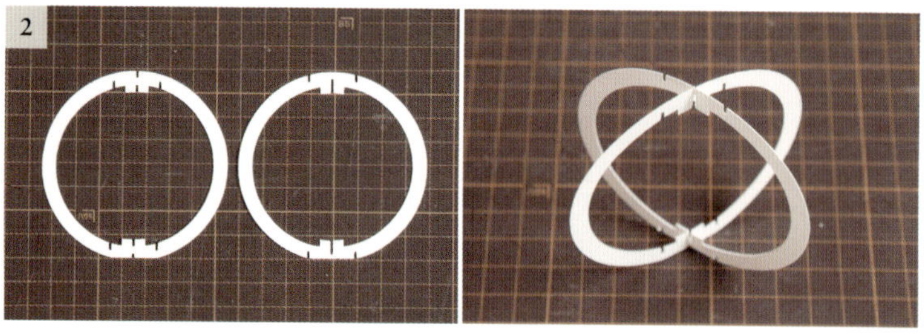

1と2のリングを、切り込みを合わせて組み合わせます。

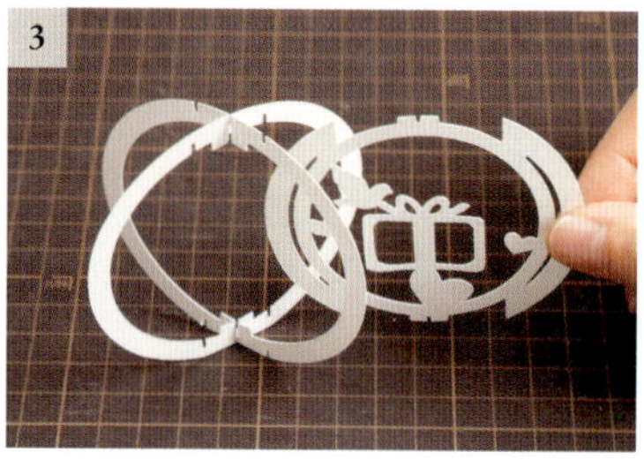

次に3のモチーフのリングを組み合わせます。これが中心になるモチーフです。

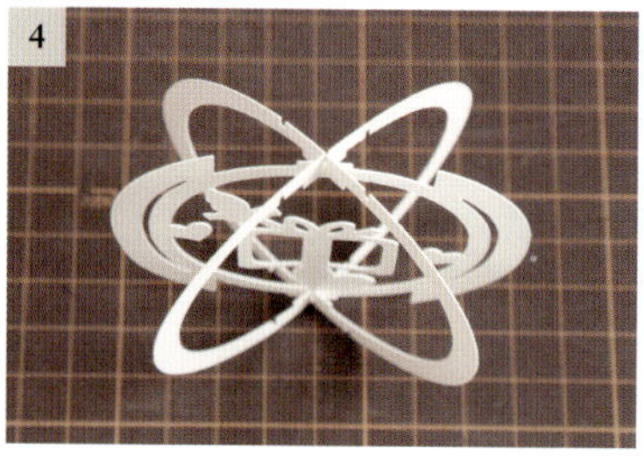

1と2のリングの間に入れ、切り込みをしっかりとはめ込みます。これで安定します。

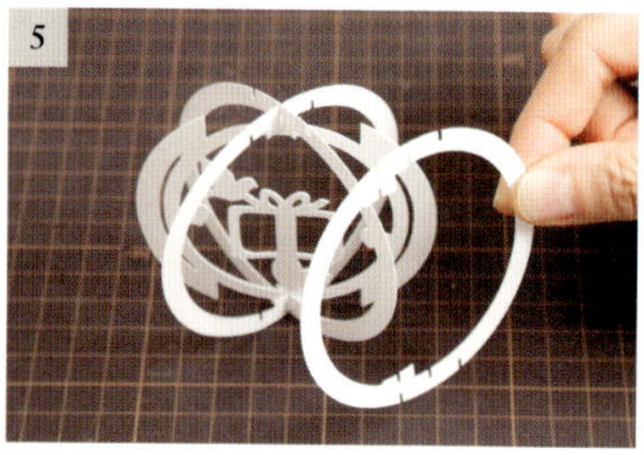

斜めのリング1と平行に4のリングを組み合わせます。内側へ出っ張った切り込みが手前にくるように合わせます。

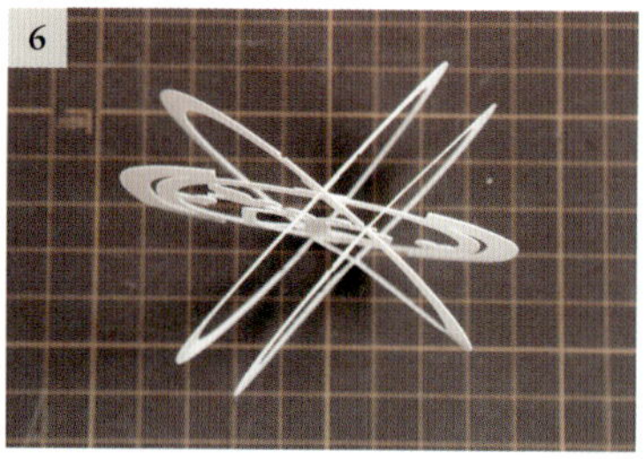

上から見るとこのようになっています。

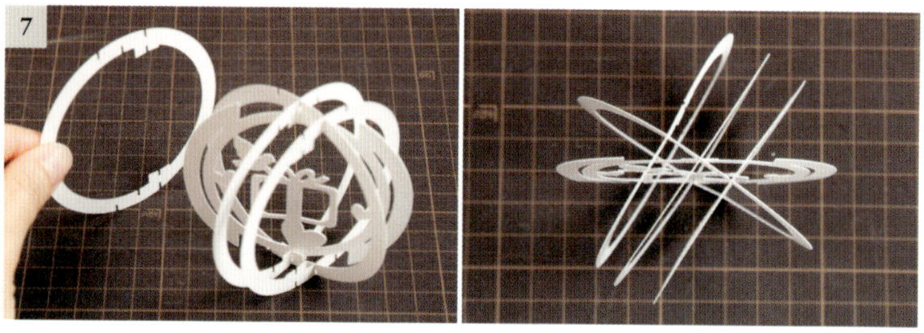

次に斜めのリング1と平行に5のリングを、内側へ出っ張った切り込みが奥になるように組み合わせます。4のリングの反対側に入れます。

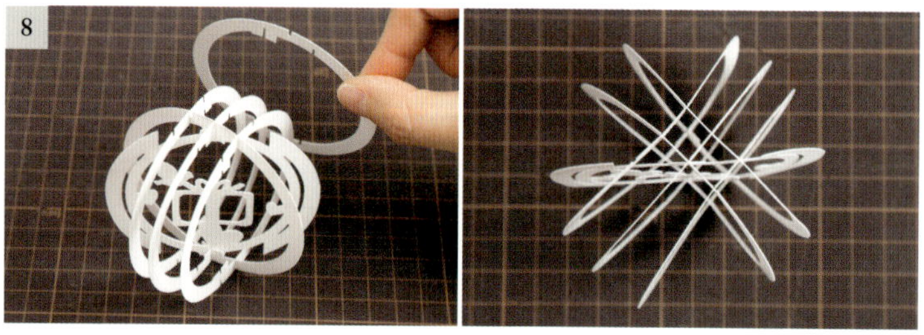

もう1枚の斜めのリング2と平行に6のリングを組み合わせます。内側へ出っ張った切り込みが奥になるように合わせます。

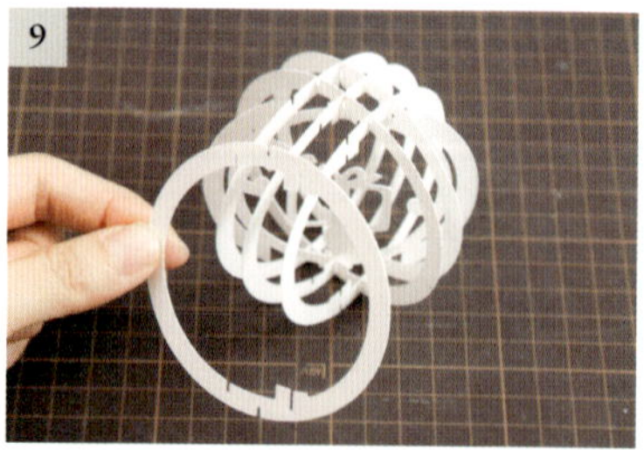

6のリングの反対側に7のリングを組み合わせます。内側へ出っ張った切り込みが手前になるように合わせます。

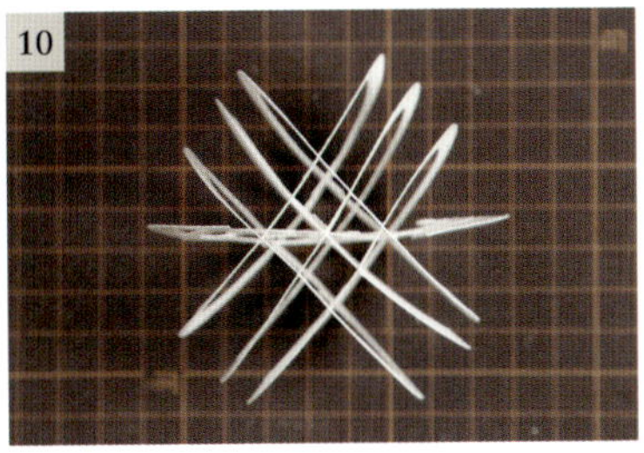

10
これで斜め格子のリングがすべて組めました。

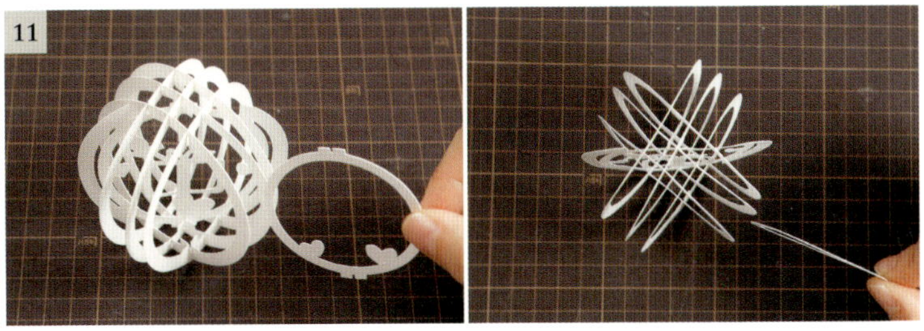

11
次に8のモチーフのリングを入れます。いちばん手前で斜めに交差する場所、4と7のリングの交差点です。

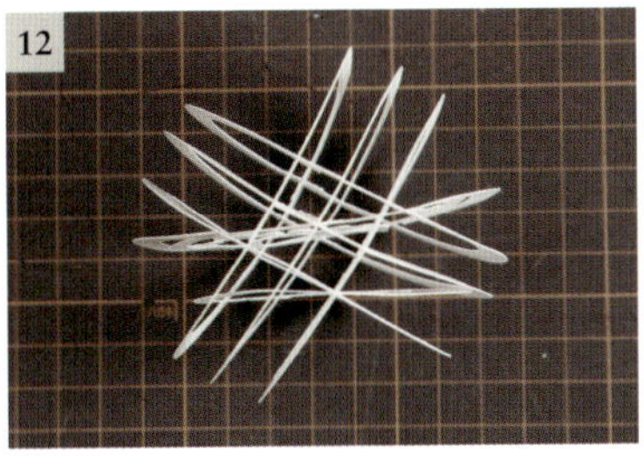

12
上から見るとこのような状態です。モチーフのリング3枚は上下各1点で支えているので自由に動きます。

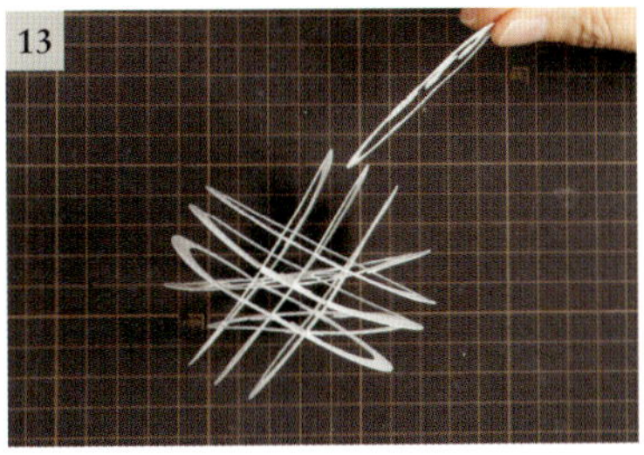

13
9のモチーフのリングを、いちばん後ろで斜めに交差する場所、5と6のリングの交差点に組み合わせます。8のリングの反対側です。

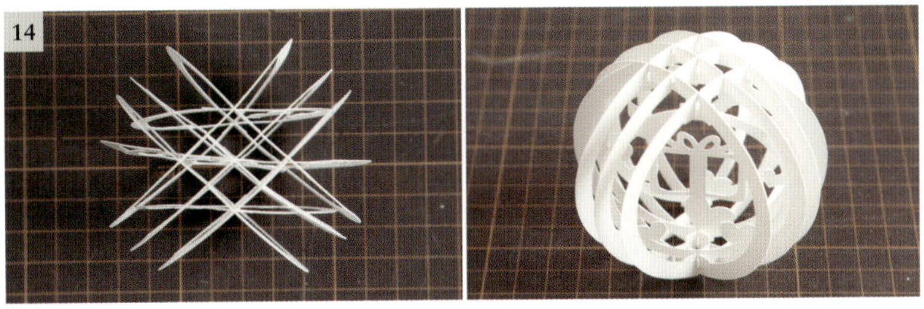

14
上から見るとこのようになっています。モチーフのリング3枚が平行に並びます。

15
smallと同様に高温で3秒ほどアイロンをあててパリッとさせます。

16
完成です。

中心の斜め格子、中心のモチーフ、両側の斜め格子（どの順番でもかまいません）、最後に前後のモチーフの順に組み合わせるだけです。モチーフを反転させて組み合わせてもかまいません。自分の好みの位置にモチーフがくるようにしましょう。

SPHERE

Midium 2

中サイズのスフィアです。リングの直径は7.6cmと20ページのmidium 1よりもやや小さめです。11枚のリングで構成されていて、モチーフの入るリングが5～7枚と複雑になります。さらにリングの幅が細いので、同じmidiumサイズでも難しくなります。モチーフが正面だけでなくさまざまな位置に入るので、よりぐるりと見て楽しめます。

組み立て方 ……› P.42

HAPPY
BIRTHDAY

HAPPY
BIRTHDAY

ウエディング

男性と女性のシルエットが浮かび上がるモチーフは、結婚のお祝いに。2人の間から、愛の象徴、幸運の使いとも言われる鳩が見えています。

型紙 ……› P.77～79

リングが多いので、より球
に近い形になります。

縦横共に、周囲のリング に
もモチーフが付いています。

中心のモチーフは斜めに
組み合わせます。少し揺れ
るのが楽しい。

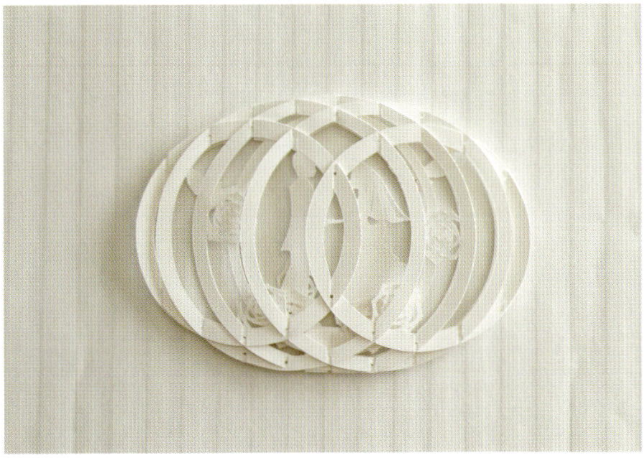

リングが細く、繊細です。

アリスのティータイム

アリスと白ウサギのティータイムのデザイン。モチーフが前後左右に入り組んだ様子は、まさに不思議の国のようです。

型紙 ……› P.77, 80, 81

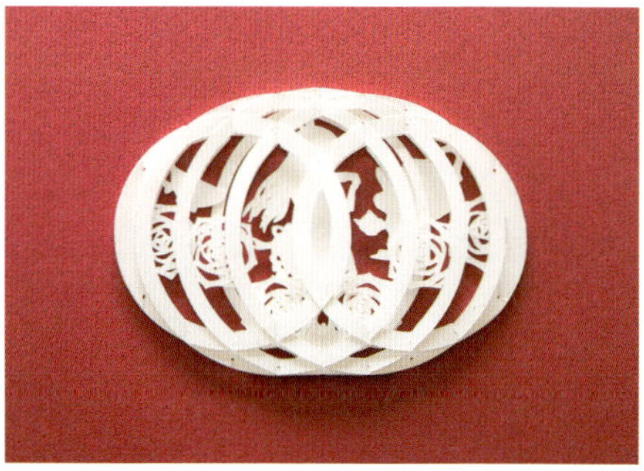

反対側にはポットが見えます。

赤ずきん

女の子が話しかけているポーズがかわいいモチーフ。回りを囲む花びらは細いのでカットするときに切り落とさないように注意してください。

型紙 ……› P.77, 82, 83

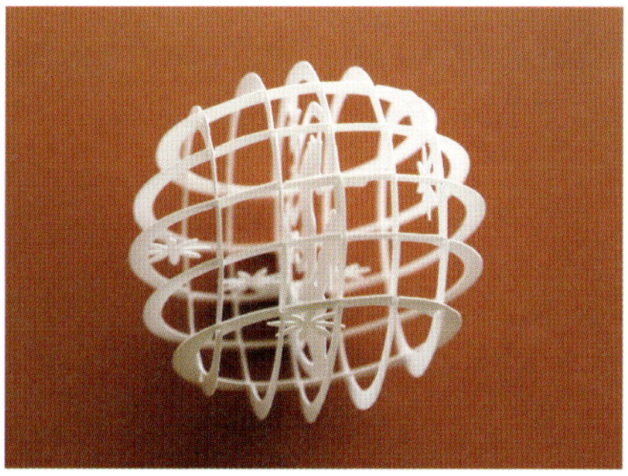

花が四方に付いています。

たたむとトランプがたくさんあるのがよく分かります。

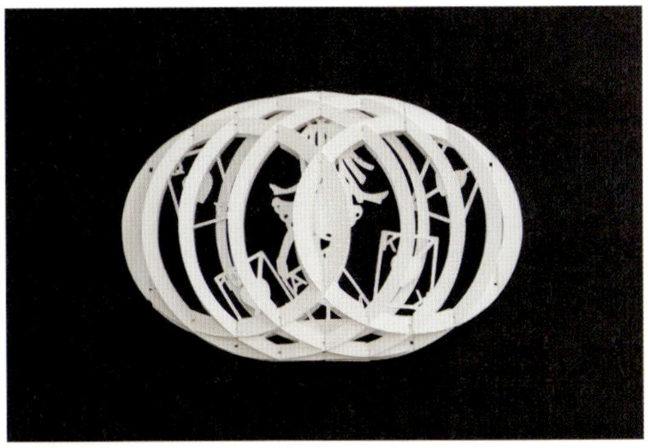

横から見たところ。

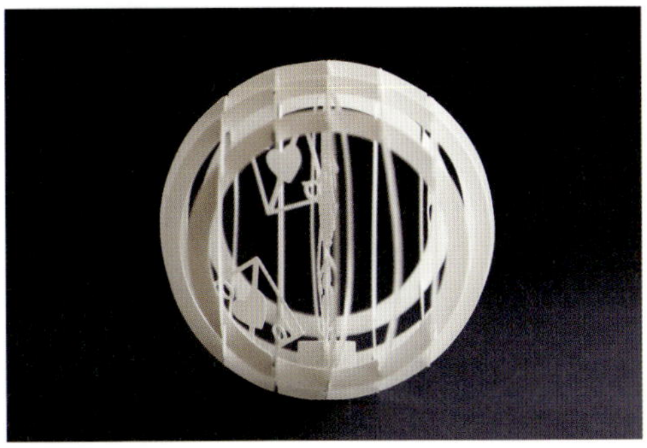

球体のおもしろさがよくわかる角度。

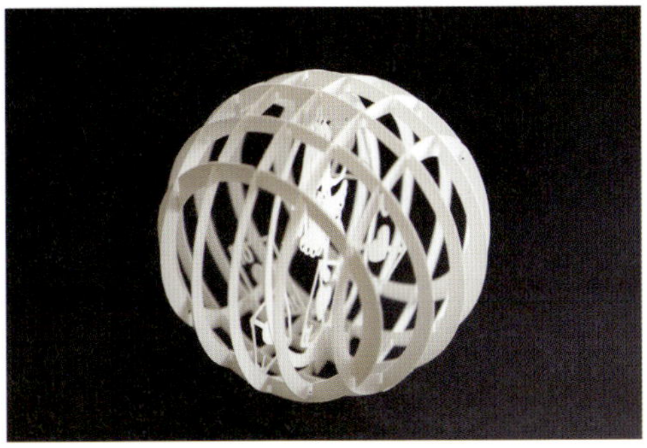

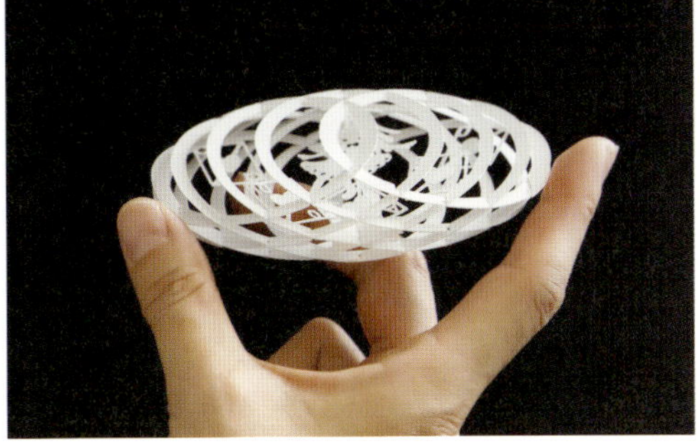

両端を押せば立体になります。リングの幅が細いので折れないように注意を。

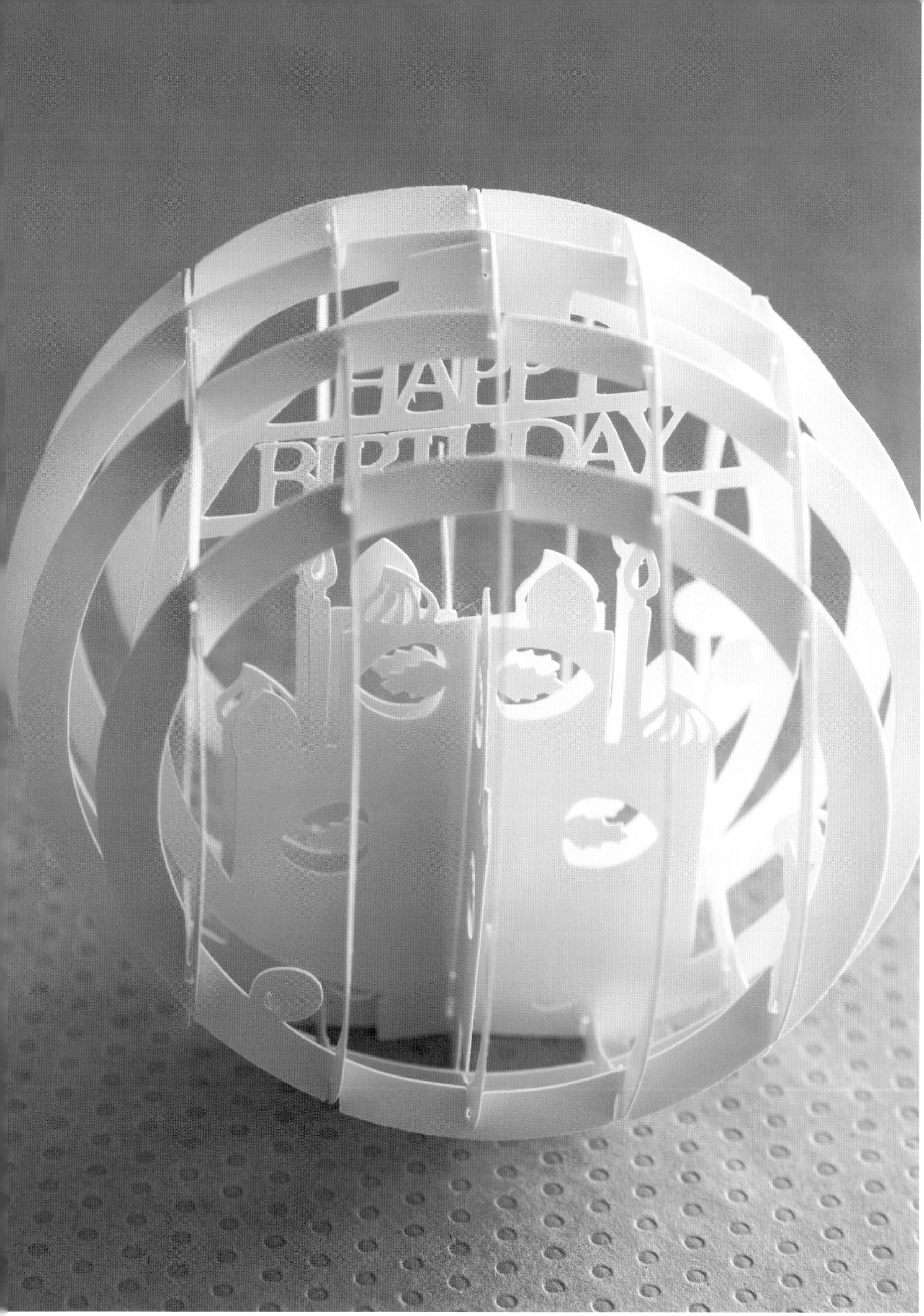

Happy Birthday

どの方向から見てもケーキが立体になっているお誕生日カードです。 モチーフはほかの誕生日カードと同じですが、リングの数や構成によって見え方が変わってきます。

型紙 ·····› P.77, 86, 87, 111～116

ケーキのモチーフが縦横に組み合わさっています。

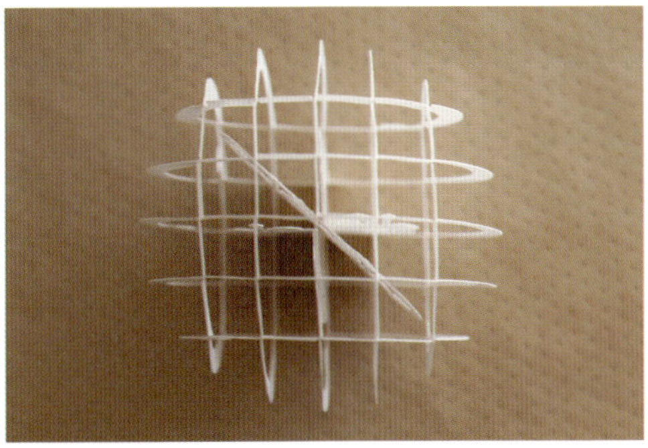

格子状に合わさったリングの中心に、小さなリングが組み合わされています。

たたむとモチーフが重なるのでシンプルに見えます。

3枚のリングにケーキのモチーフが描かれています。

四角形のカードにする

台紙を付けてカードのポップアップにすることも出来ます。スフィアを作ってから台紙に4か所穴をあけて止めるだけなので簡単に作れます。ぺたんとたためる構造だからこそ出来るカードです。

組み立て方 ……› P.44

midium❷の組み立て方

さらにリングの数は増えますが、組み立て方の基本は同じです。中心に自由に動くモチーフが1枚入ります。リングの幅が細く折れやすいので、注意して組み立てて下さい。

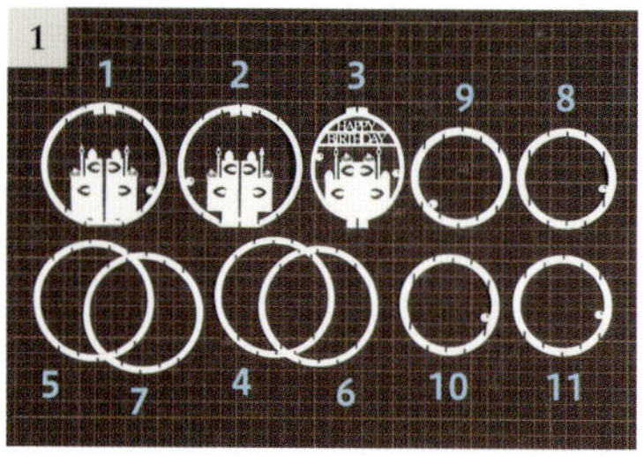

リングの数は11枚、格子5枚ずつの間にモチーフが1枚入る構成です。1と2が中心、4～11がその両側、3が中心に入るモチーフです。

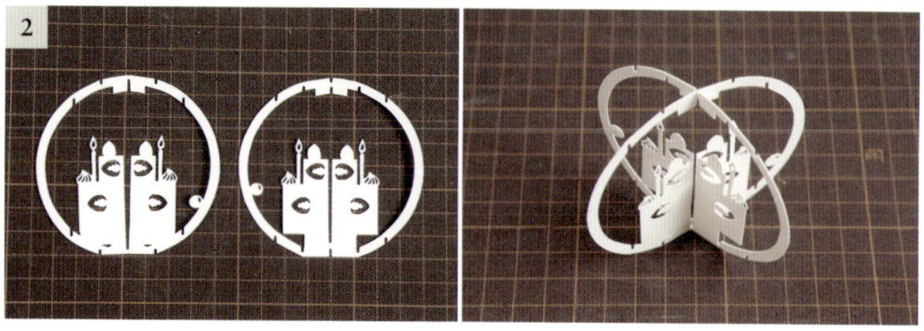

1と2の中心のリングを、切り込みを合わせて組み合わせます。

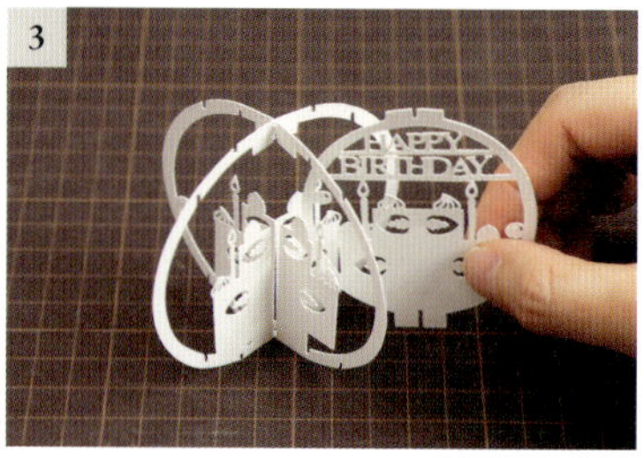

次に3のモチーフのリングを組み合わせます。これが中心になるモチーフです。

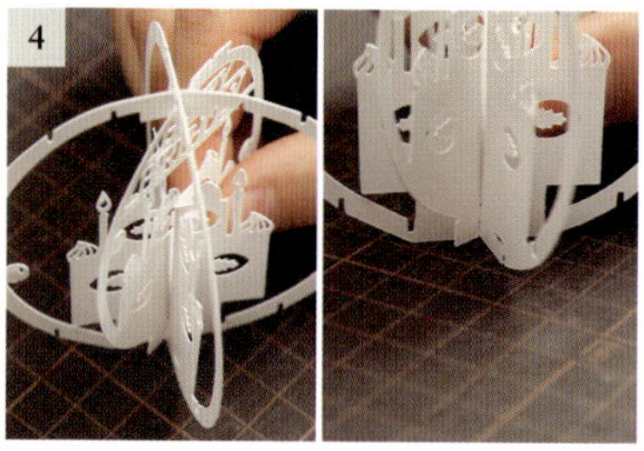

1と2のリングの間に入れ、切り込みをしっかりとはめ込みます。これで安定します。

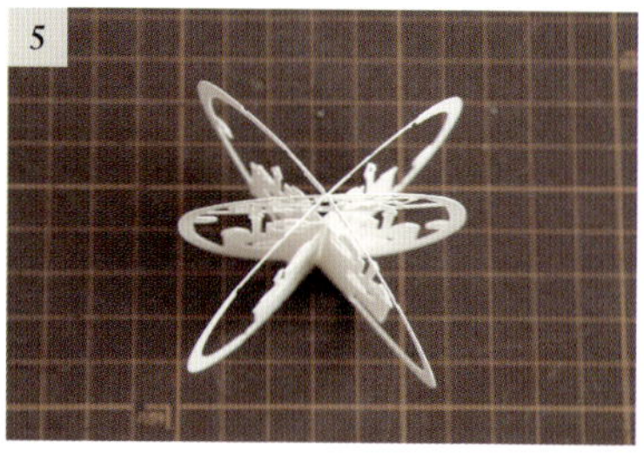

上から見たところ。これでモチーフがぐるりと見て楽しめます。

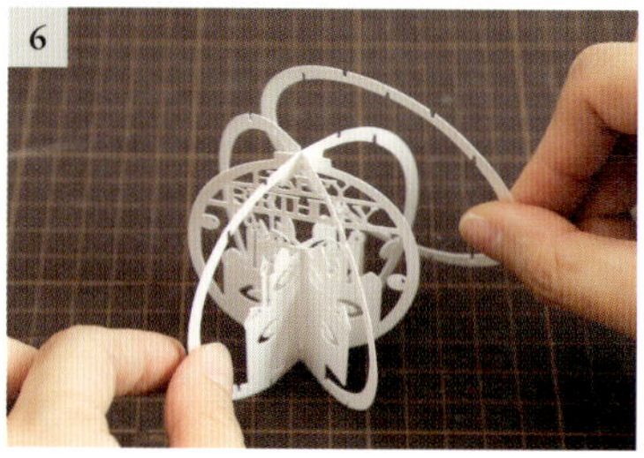

2のリングと平行に4のリングを後ろに組み合わせます。

切り込みをしっかりと組み合わせましょう。リングが細いので折れないように気を付けて。

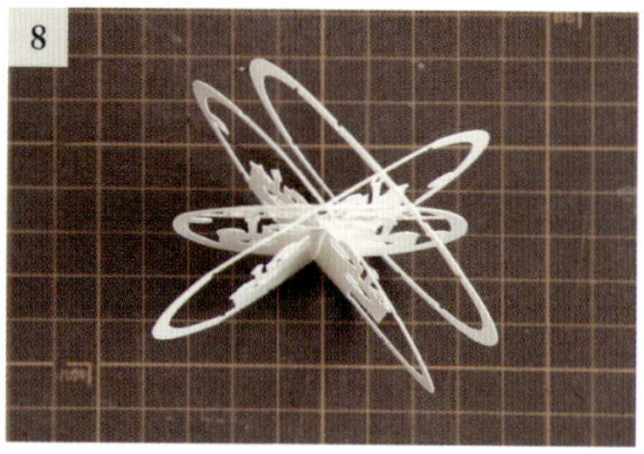

上から見たところ。

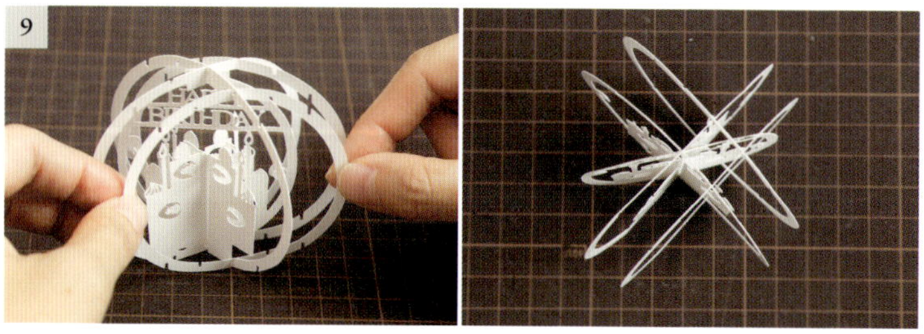

次に1のリングと平行に5のリングを前に組み合わせます。まず中心のリングに切り込みを合わせて入れ込み、次にとなりのリングに合わせて入れ込みます。

2のリングと平行に6のリングを前に組み合わせます。

11
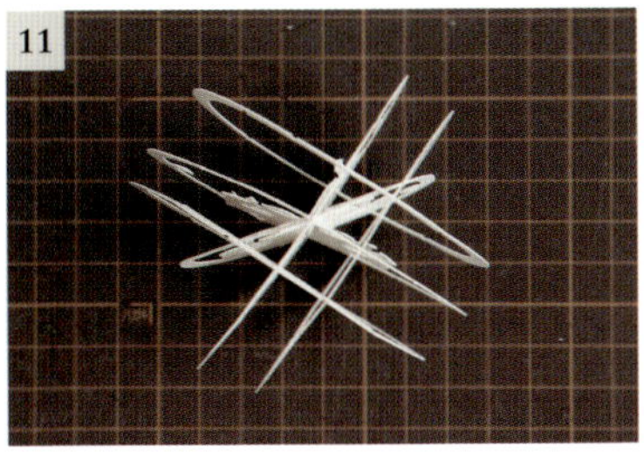
上から見たところ。だんだんリングの数が増えてきました。

12
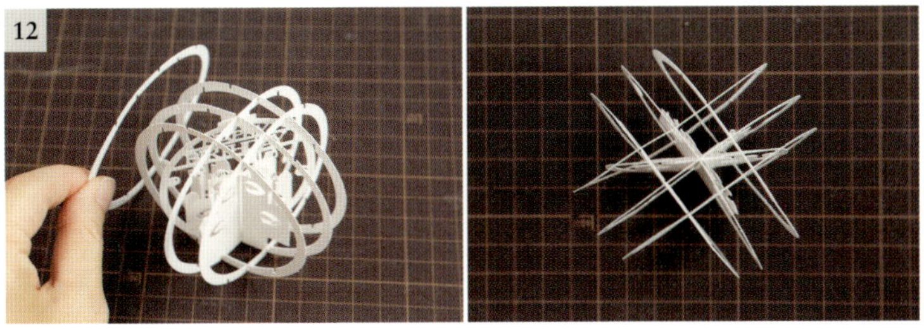
1のリングと平行に7のリングを後ろに組み合わせます。これで3枚ずつの格子になりました。

13
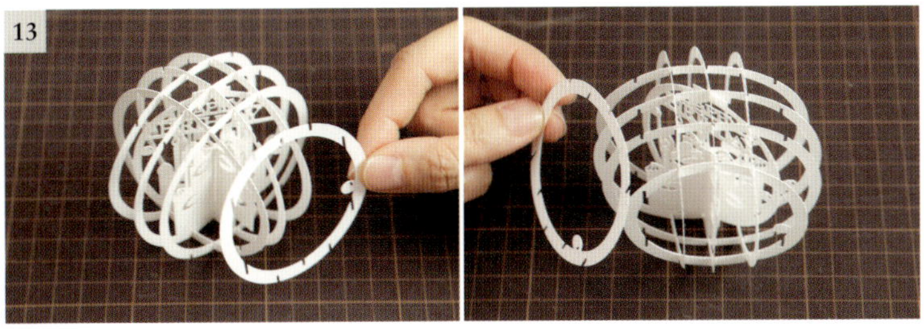
あとは小さなリング8～11の4枚です。1と2のリングに平行に8と9のリングを前に組み合わせます。

14
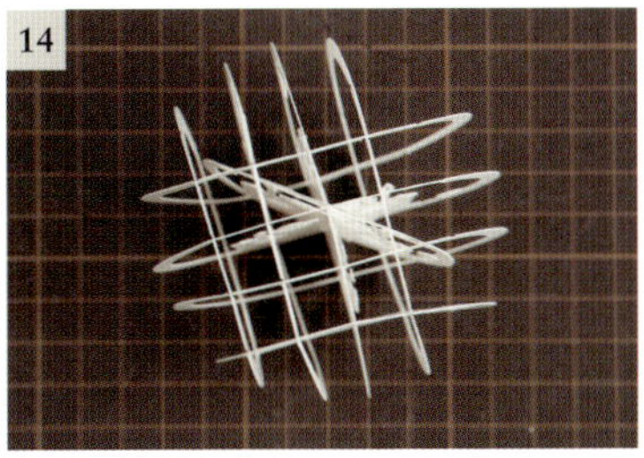
上から見たところ。

15
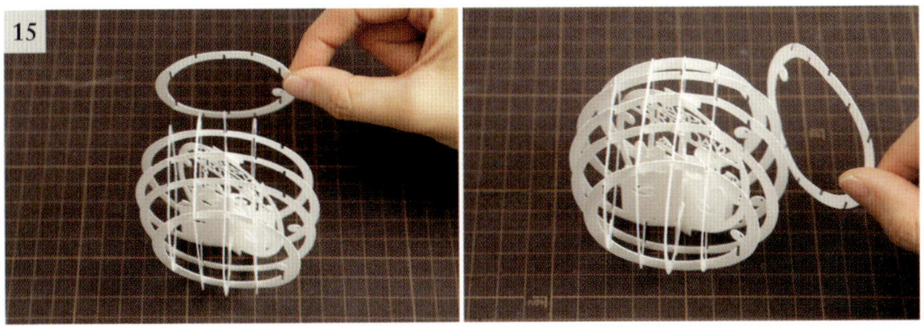
1と2の後ろに10と11を組み合わせます。8～11のリングは反転してもかまいません。モチーフが自分の好みの場所に入るようにしてください。

16
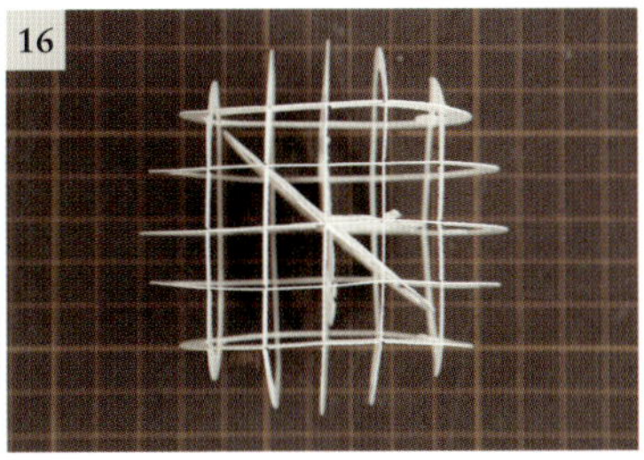
すべてのリングが組めました。

17

高温で3秒ほどアイロンをあててパリッとさせます。

18
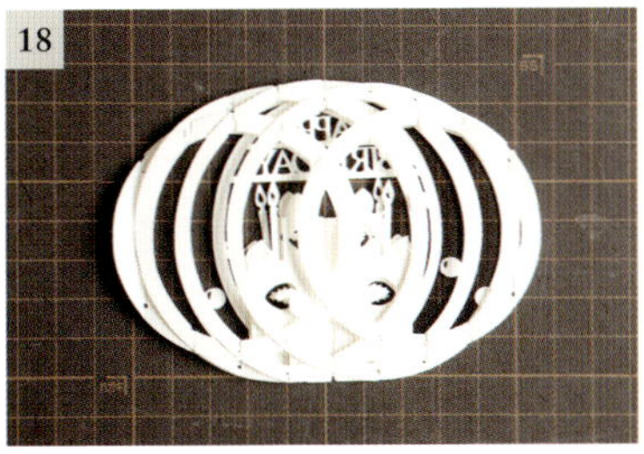
完成です。

中心の格子、中心のモチーフ、両側の格子（どの順番でもかまいません）、いちばん外側の格子の順に組み合わせるだけです。いちばん外側の格子のモチーフの位置に決まりはありません。自分の好みの位置にモチーフがくるようにしましょう。飾るときは格子でも斜め格子でもかまいません。文字が裏向きにならないようにだけ気を付けてください。

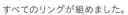

四角形のカードの作り方

midium 2の球体を台紙に付ける方法です。
カードを開けば球体が出来上がります。

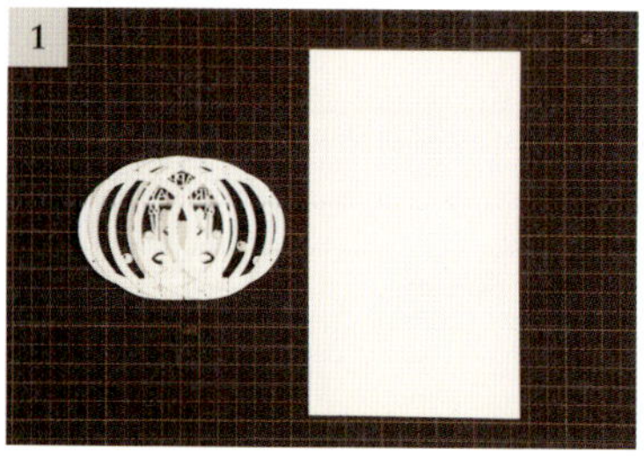

midium2のスフィアと11.5×19.5cmの厚紙を用意します。厚紙は球体がぴったりと収まるサイズなので、これより小さくなければ好みのサイズでかまいません。

中心に定規で折り目を付けます。

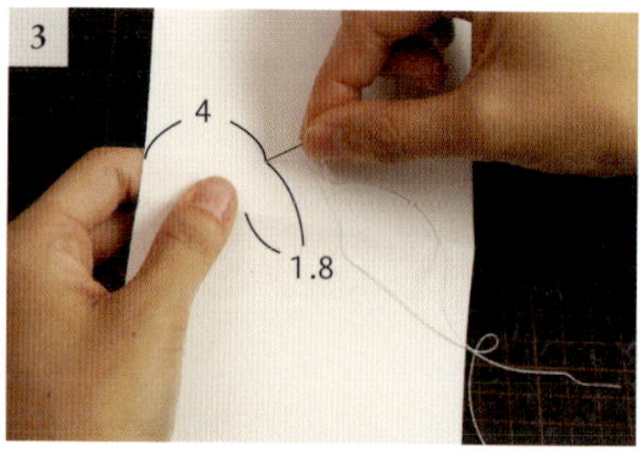

端から4cm、中心の折り目から1.8cmの場所に、裏から糸を通した針を刺して表に出します。

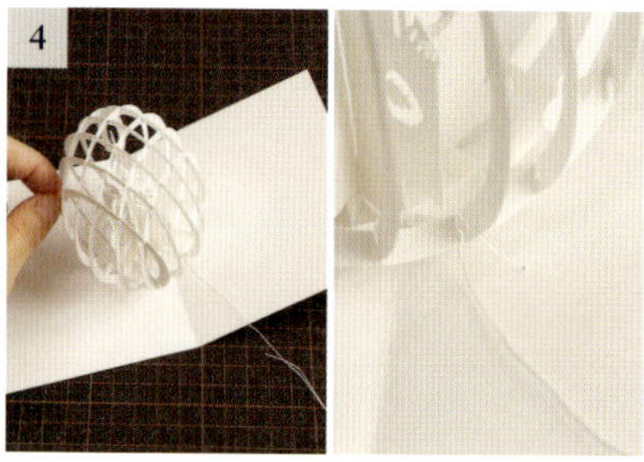

中心のリングといちばん外側のリングの交点に糸をかけ、3で針を出した穴に針を入れて裏に出します。

糸を切らずに同じ面の反対側に針を刺します。端から4cm、折り目から1.8cmの位置です。

4と同様に糸をかけ、穴に針を入れて裏に出して玉止めをします。

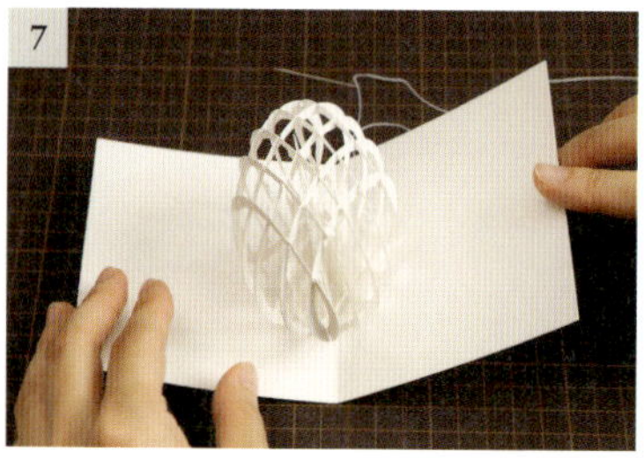

閉じてみて違和感がないか確かめます。

糸が抜けないように、マスキングテープなどで止めます。

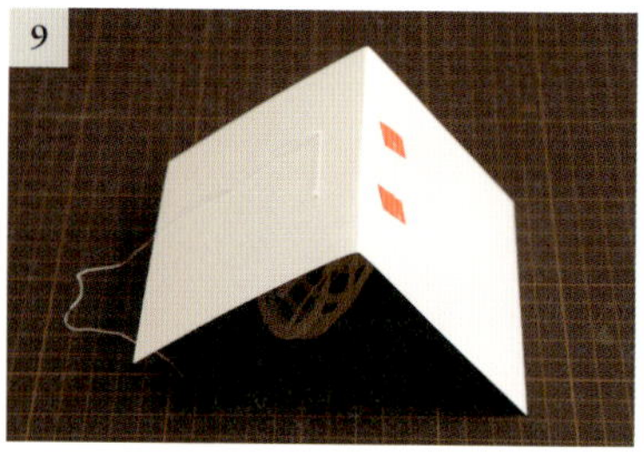

折り目の反対側も同様に止め、閉じてみてスムーズに開くか確かめます。大丈夫なら裏をマスキングテープで止めます。

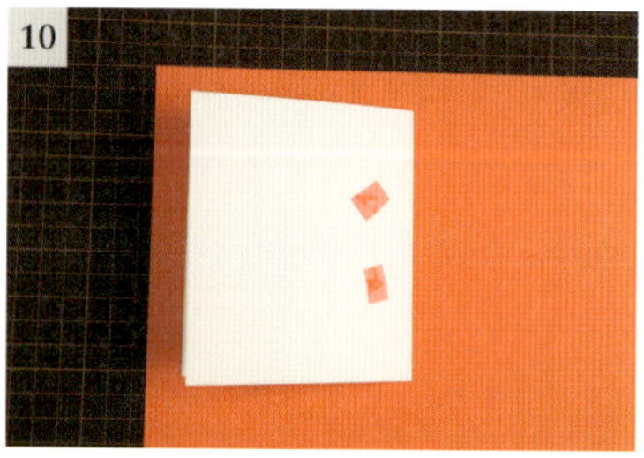

飾り紙を付けます。カードをたたんで裏にのりを付け、飾り紙の裏に乗せて貼ります。周囲は大きめにとっておきます。

折り目に合わせて飾り紙をカットします。

もう片側にものりを付け、折り目を合わせて飾り紙に貼ります。

13

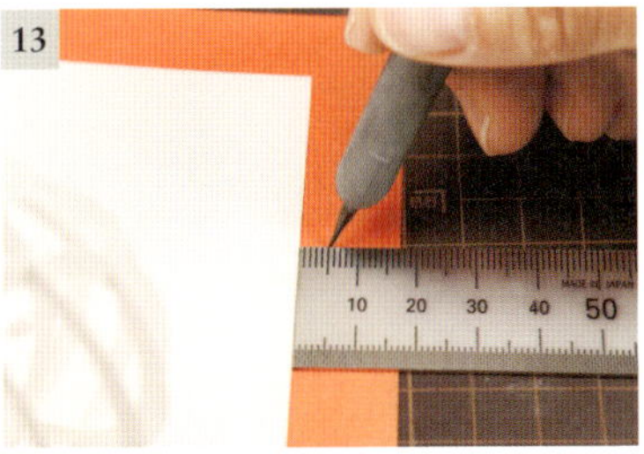

飾り紙の周囲を切りそろえます。鉄筆などでカードの端から5mmのところに印を付けます。

14

カッターで周囲を切りそろえます。

15

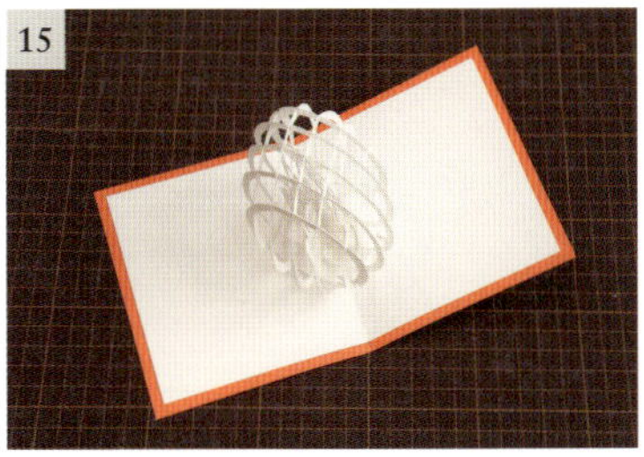

飾り紙が付きました。まだ折り目の部分が分かれたままなので始末します。

16

マスキングテープをのばし、半分にカードを重ねて貼ります。そのままもう半分もくるんで折り目を隠します。

17

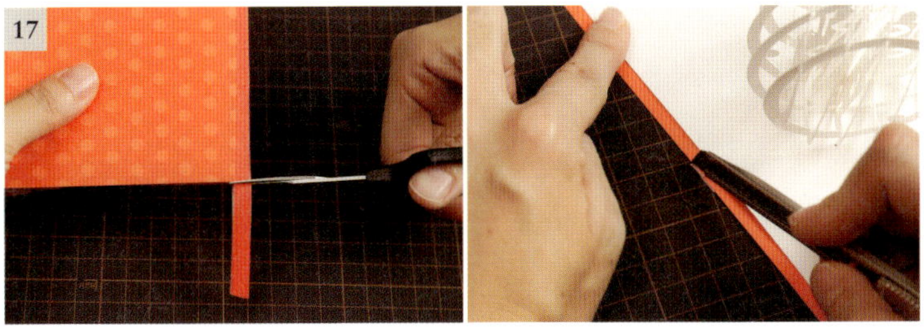

閉じたまま余分をはさみでカットし、開いてさらにカッターできれいに整えます。

18

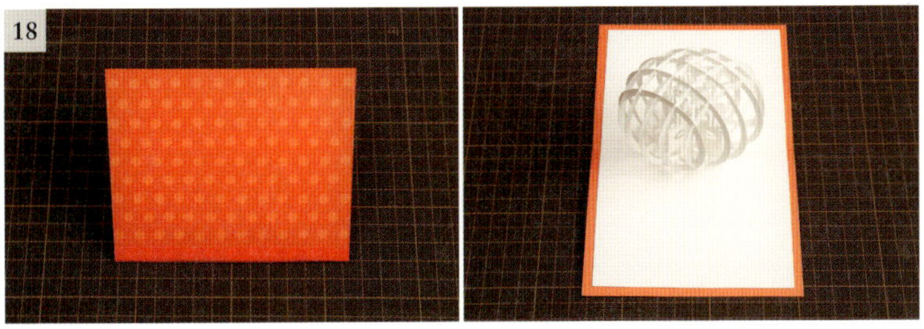

カードの完成です。開閉して、スフィアがきれいに立ち上がるか確かめましょう。

SPHERE

Large

いちばん大きなサイズのスフィアです。リングの直径は9.8cm。22枚のリングで構成されていて、モチーフの入るリングは4枚です。リングの密度が高く、より丸く球体のおもしろさがあります。いちばんの特徴は正面に付いた扉。扉を開けて中をのぞく楽しさがあります。ストッパーが付いているので、リングが多くても球体の形を保てるのもこのサイズだけのしかけです。

組み立て方 ……› P.52

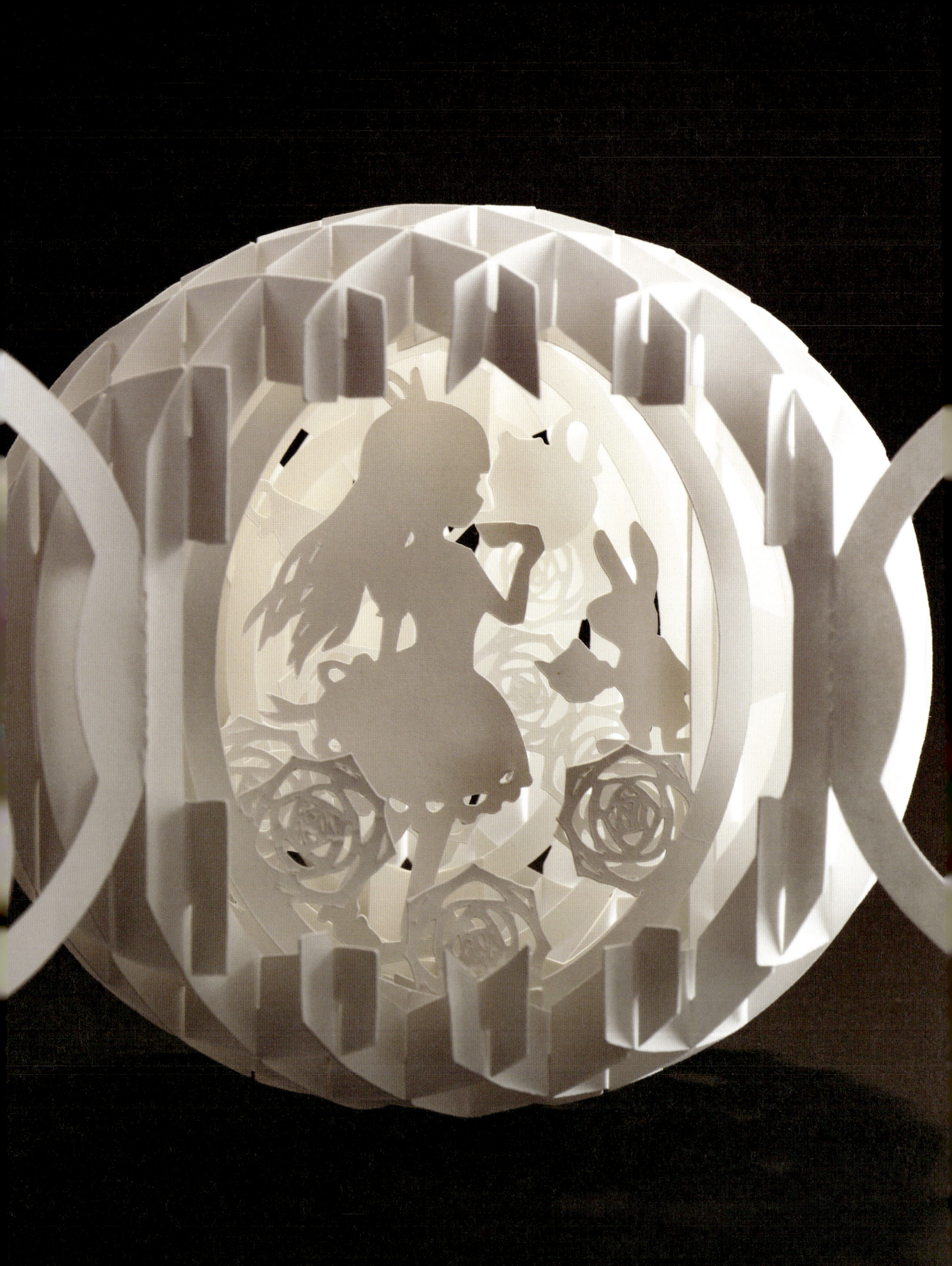

アリスのティータイム

34ページと同じモチーフの作品をlargeサイズにしました。扉を開けて中をのぞくので、万華鏡のようなおもしろさがあります。

型紙 ⋯⋯〉 P.88～93, 117～128

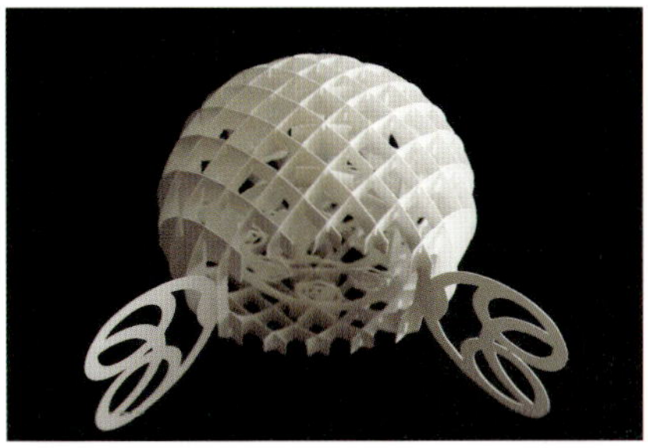

斜めにリングを組みます。

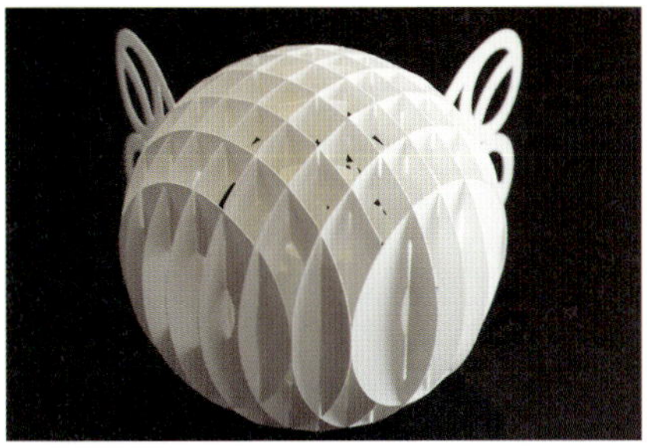

リングが多く複雑なぶん、どの向きから見ても球体に見えます。

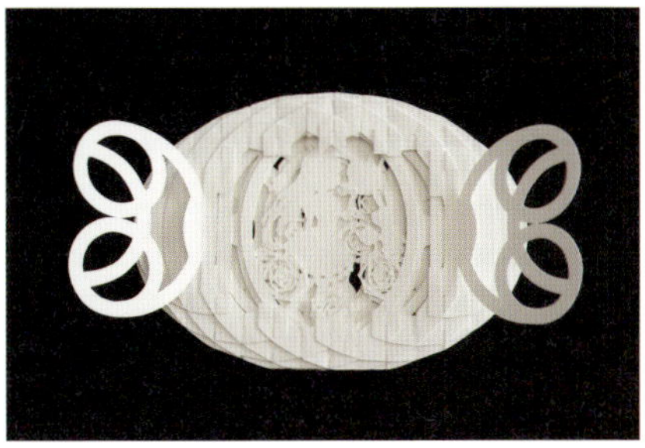

きれいにぺたんこにたたまれるのが不思議。

立体にするときは、両端を押せば一瞬でポンッと球体になります。扉は手で開けてください。

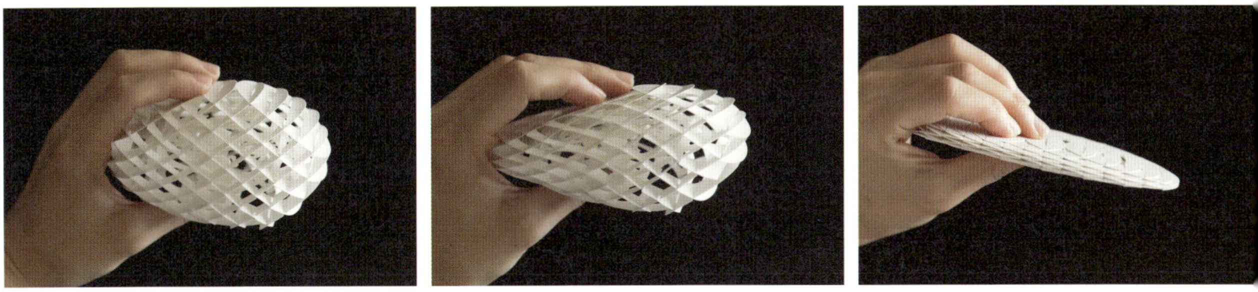

ぺたんこにたたむときは、扉を閉じて前後をぐっと押さえてつぶします。ストッパーがはずれて一瞬でぺたんこになります。

Happy Birthday

largeサイズはインテリアとしてもぴったりです。 後ろからライトをあてると、ケーキの重なりが浮かび上がってきます。

型紙 ·····› P.88～92, 94

Merry Christmas

25ページのクリスマスカードの豪華バージョンです。ホワイトクリスマスに。

型紙 ……› P.88～92, 95

largeの組み立て方

いっきにリングの数が増え、複雑になります。まず球体にリングを組み立ててから、モチーフのパーツを入れ込みます。リングの組み立て方は同じで、中心を入れてから端と順に入れます。

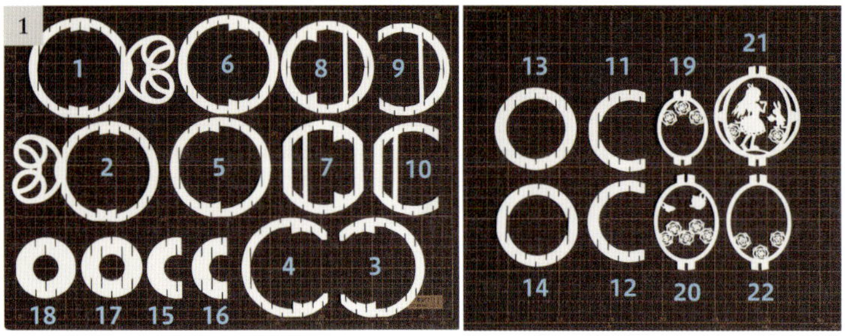

リングの数は22枚、斜め格子9枚ずつの間にモチーフが4枚入る構成です。1と2の中心になるリングに扉が付いています。19〜22が中心に入るモチーフです。

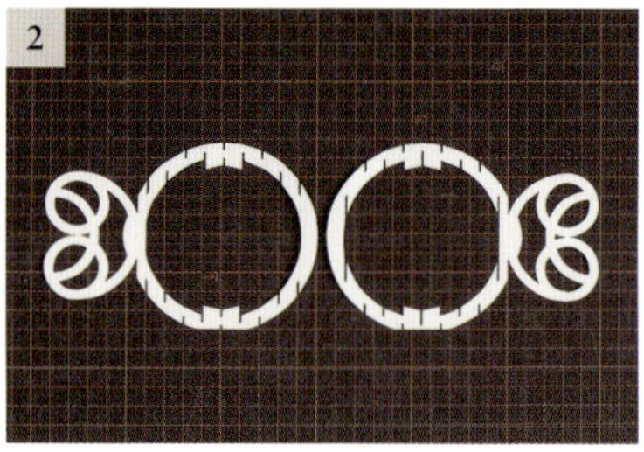

1と2のリングを用意します。

扉が手前にくるように組み合わせます。

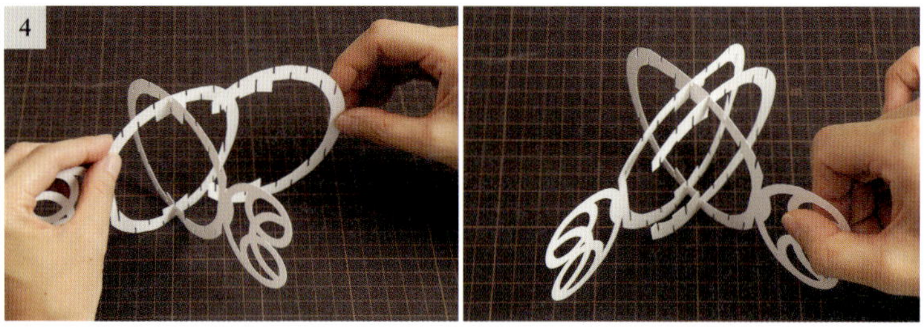

3のリングを輪が欠けている方を手前にして、1のリングの前に組み合わせます。

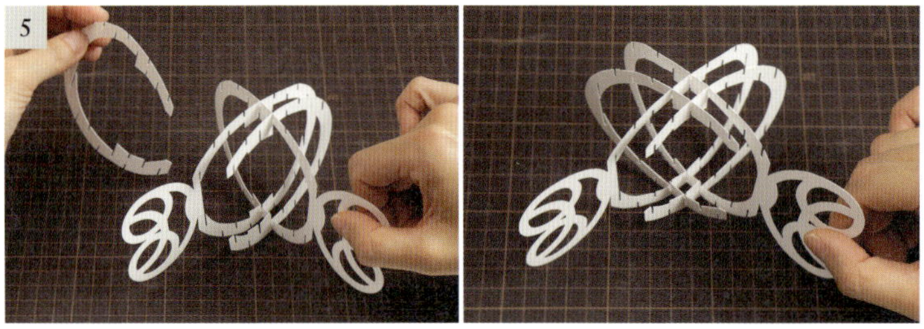

4のリングを輪が欠けている方を手前にして、2のリングの前に組み合わせます。

5のリングを内側へ出っ張った切り込みを奥にして、2のリングの後ろに組み合わせます。

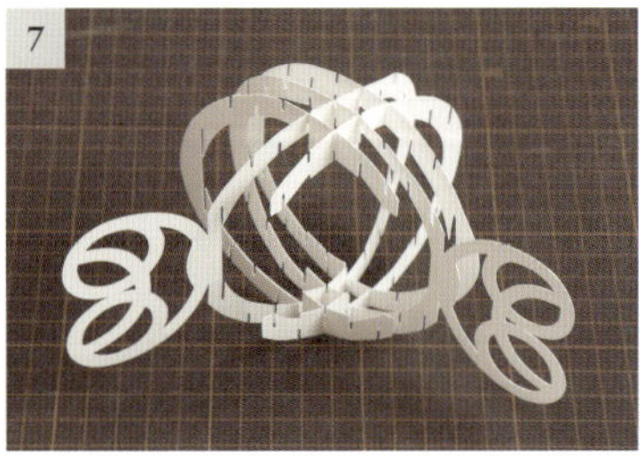

ここまでくると球体が安定してきます。

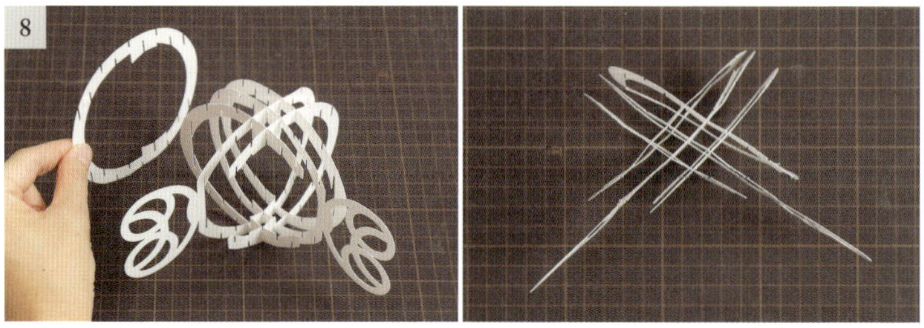

6のリングを内側へ出っ張った切り込みを奥にして、1のリングの後ろに組み合わせます。これで3枚ずつ組めました。

7と8のリングを、縦の棒が入っている方を手前にして5と6のリングの後ろに組み合わせます。

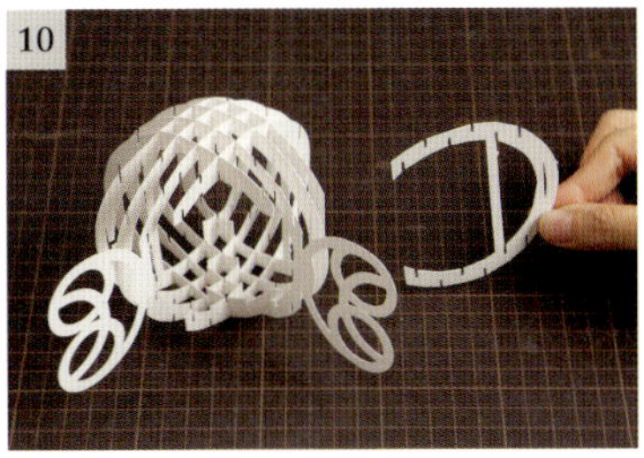

9のリングを、縦の棒が入っている方を奥にして3のリングの前に組み合わせます。

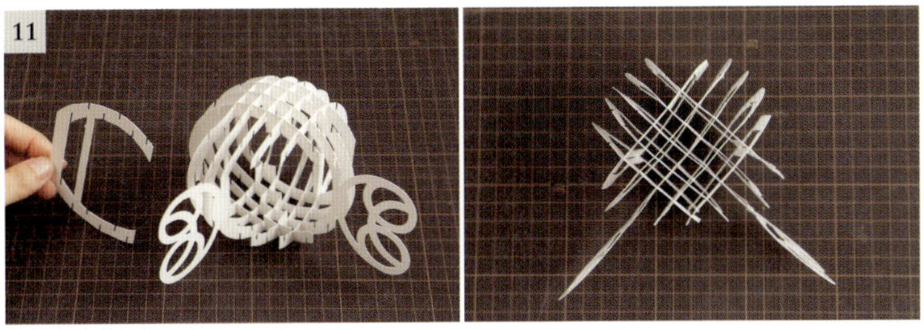

10のリングを、縦の棒が入っている方を奥にして4のリングの前に組み合わせます。これで5枚ずつ組めました。

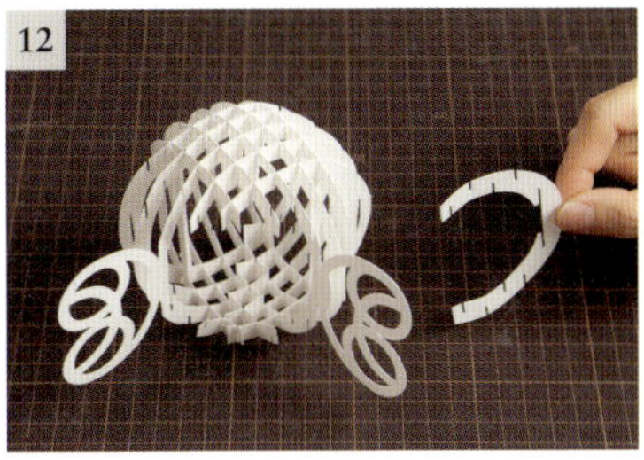

同様に11のリングを輪の欠けている方を手前にして9のリングの前に組み合わせます。

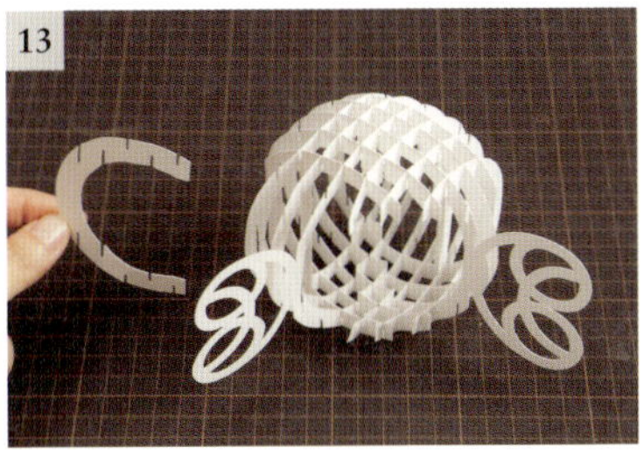

12のリングを輪の欠けている方を手前にして10のリングの前に組み合わせます。

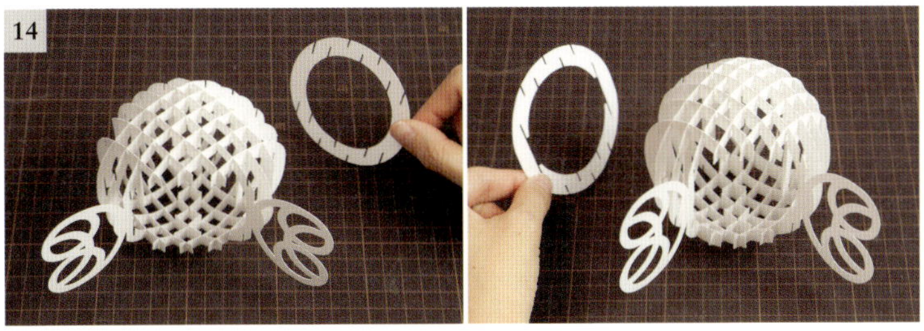

13と14のリングをそれぞれ7と8のリングの後ろに組み合わせます。

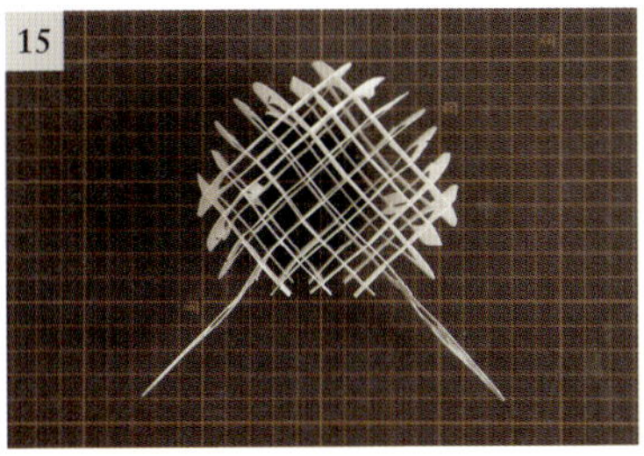

上から見たところ。7枚ずつ斜め格子に組み合わさっています。

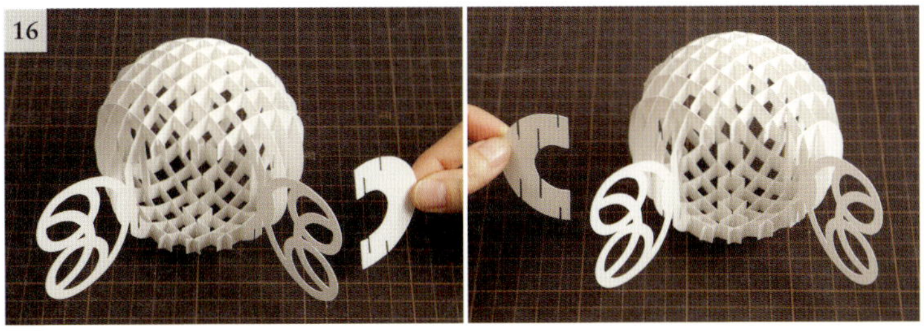

15と16のリングを輪の欠けている方を手前にして、11と12のリングの前に組み合わせます。

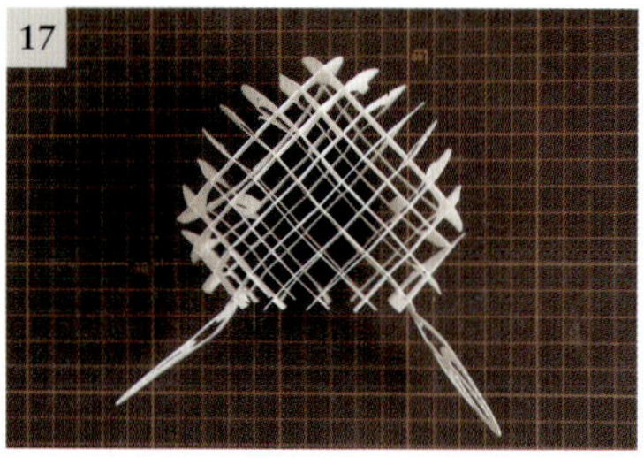

上から見たところ。球体になってきました。

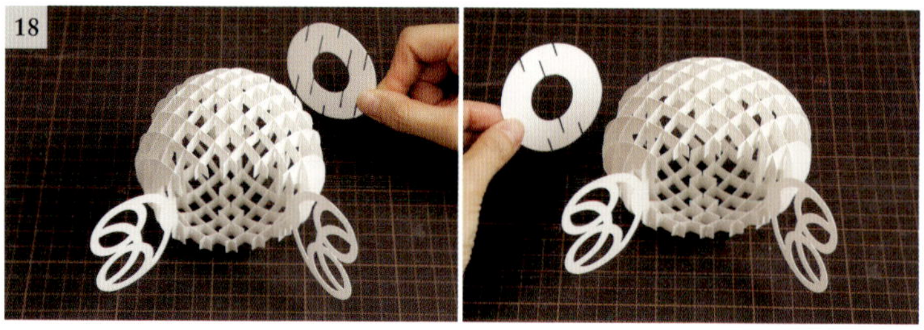

17と18のリングを13と14の後ろに組み合わせます。

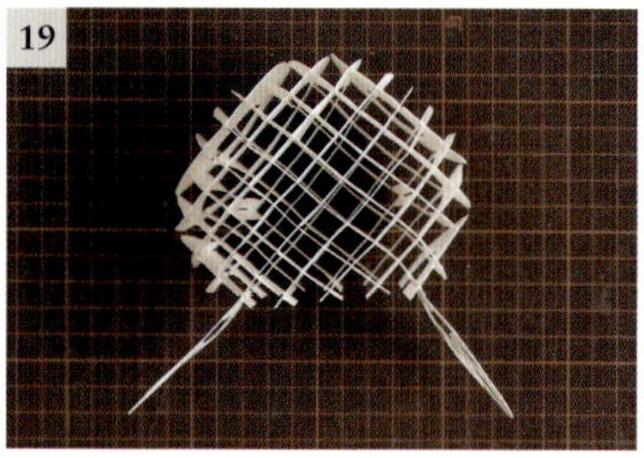

これで外側のリングはすべて組めました。

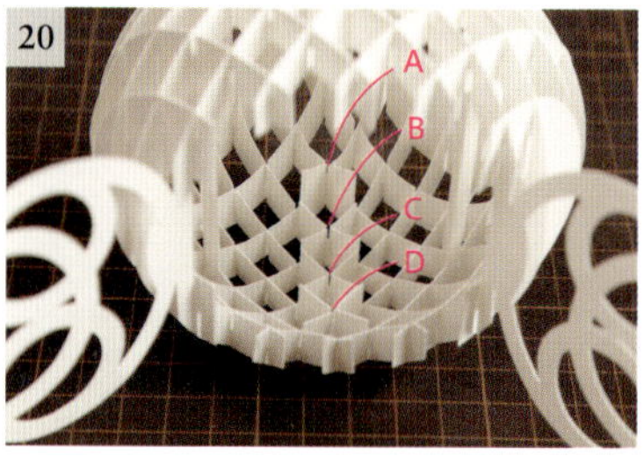

次にモチーフのリングを内側にはめ込みます。はめ込む場所は、正面から見て下の中心にある一段高くなった交差部分です。A～Dに奥から順にはめていきます。

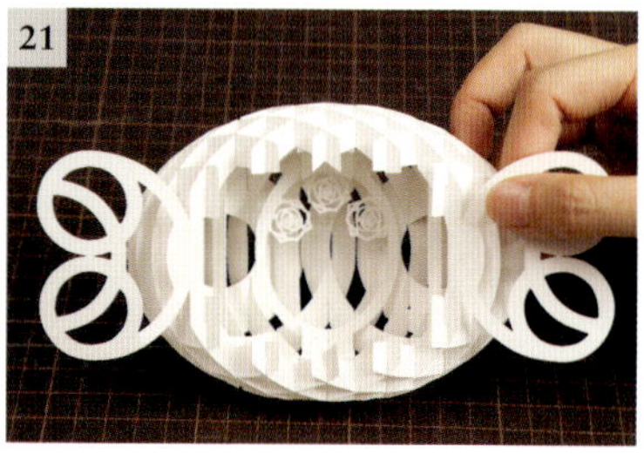

19のリングをAの交差部分にはめ込みます。球体をつぶし気味にすると入れやすくなります。

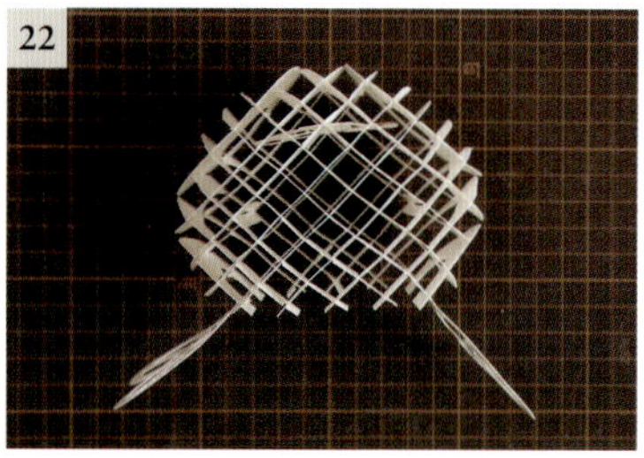

上から見ると斜め格子の間に1枚横に入っているのが分かります。

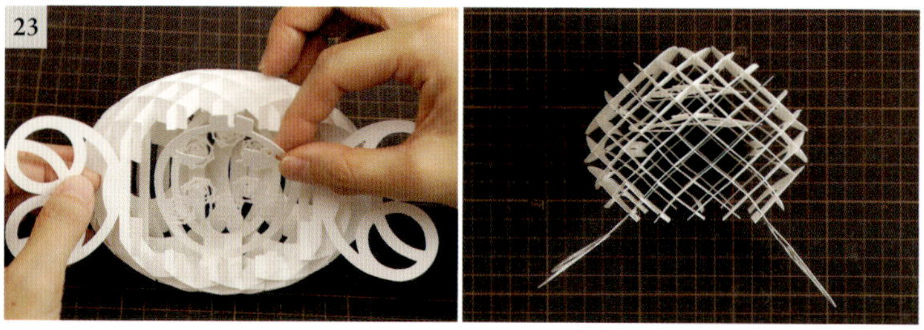

20のリングを同様にしてBの交差部分に入れ込みます。下から入れたほうが入れやすいです。

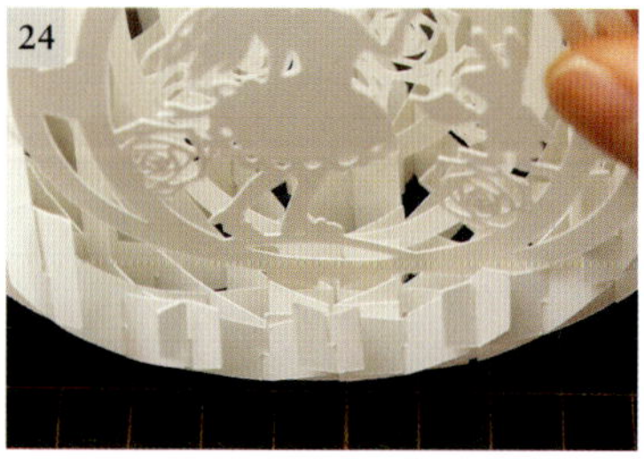

21のリングをCの交差部分に入れ込みます。

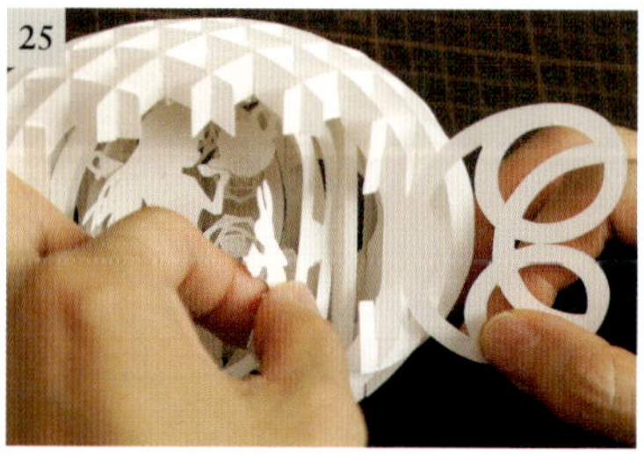

21のリングの左右を7と9、8と10のリングの縦棒の間に差し込みます。これが球体を保つときのストッパーになります。

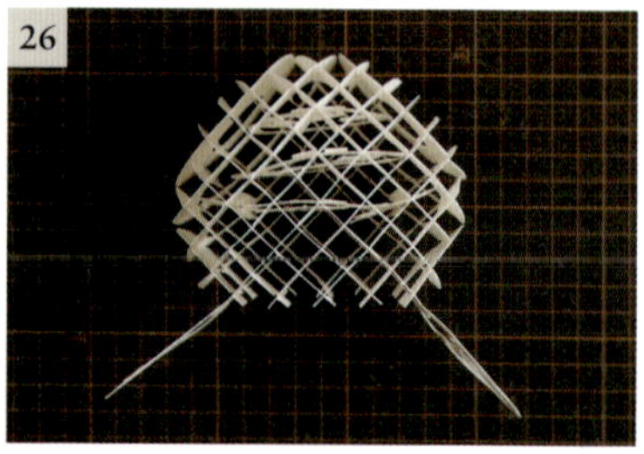

上から見るとモチーフのリングが等間隔に並びます。

27

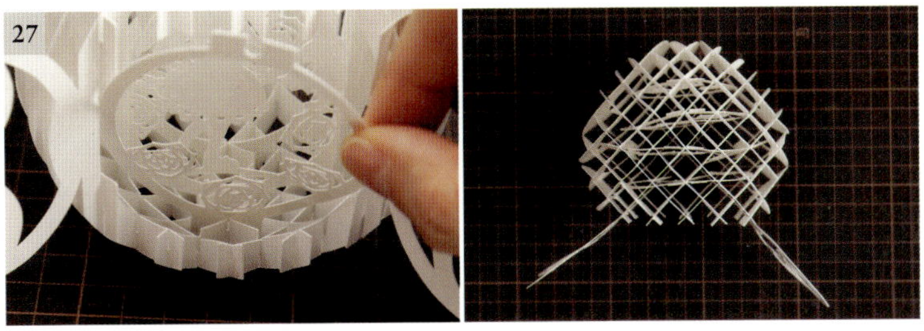

最後に22のリングをDの交差部分にはめ込みます。

28

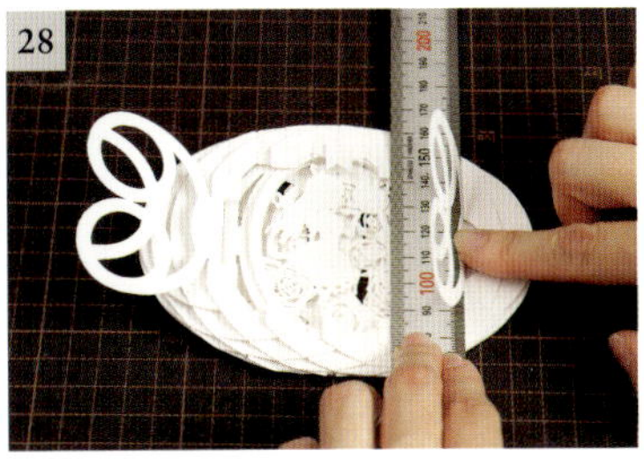

扉のきわに定規をあて、扉を内側に折りたたみます。

29

高温で3秒ほどアイロンをあててパリッとさせます。

30

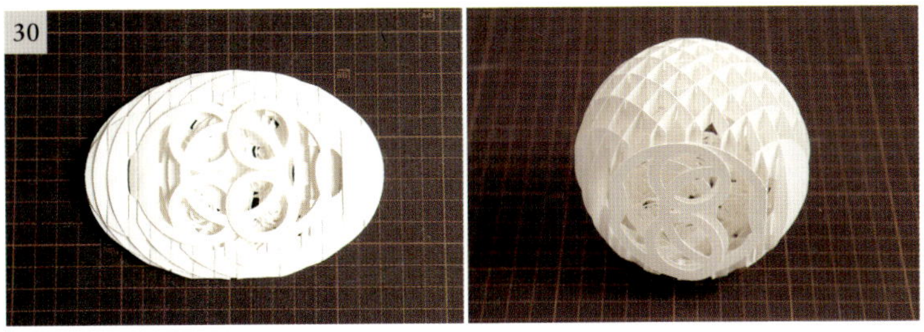

完成です。

31

飾るときは扉を開けて飾ります。

外側の球体を組み立ててから内側にモチーフを入れる構成です。モチーフは好みで反転させてもかまいませんが、外側の球体は対称形ではないパーツが多いので、向きを確かめて組み合わせてください。

オリジナルアート作品

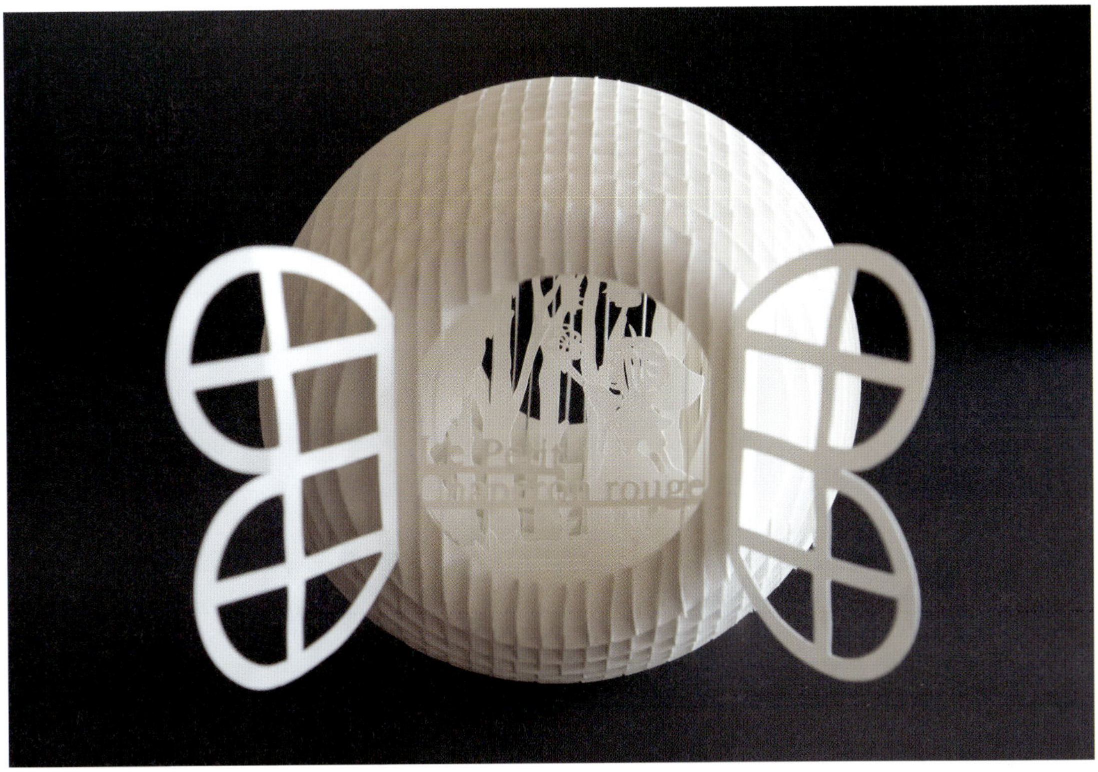

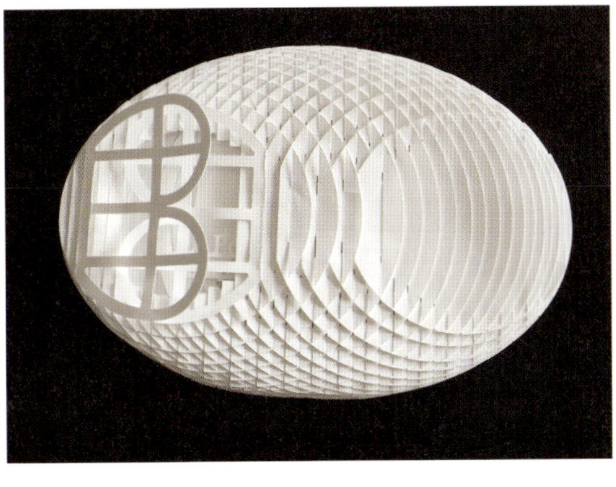

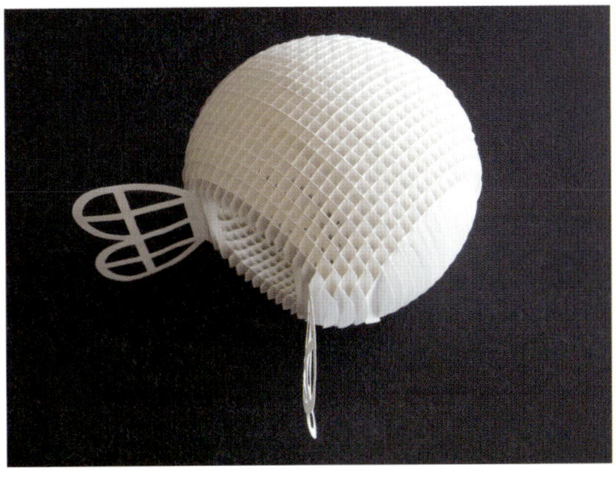

両手でささえるほどの大きさと重量感のあるアート作品。
縦横にびっしりとリングを組みます。largeタイプの元になった作品です。

Tools

道具について

スフィアを作るときに必要な道具を紹介します。基本的にはカッターさえあればポップアップカードは作れますが、あると便利だったり、コピーして使うときに必要な道具があります。道具はどれも文房具店でそろえられるものがほとんどです。

1. マスキングテープ　紙にコピーした図案を仮留めするときに使います。　**2.** 糸　縫い物用の糸でOK。スフィアを四角いカードタイプにするときに、糸で縫い止めます。針と一緒に用意してください。**3.** 定規　直線をカットするときや折り目を付けるときに使います。　**4.** カッターマット　必ずマットの上でカットします。机も傷つけず、カッターの歯も長持ちします。　**5.** はさみ　先のとがった細かい作業用と、一般的なサイズのはさみがあると便利。　**6.** のり　コピーした図案を紙に仮留めするときに使います。貼ってはがせるタイプです。スプレータイプ、ペーパーボンドなど好みのものを。　**7.** ピンセット　細かい部分の作業に。カットしたパーツをはずすときに便利です。　**8.** カッター　デザインカッターをよく使いますが、一般的なカッターでもかまいません。刃先がよりとがっているタイプもあります。左から2番目は、片側にカッター、反対側に針が付いているタイプ。　**9.** 鉄筆　穴をあけたりするときに。

Paper

紙について

スフィアはぺたんこから球体になる変化が楽しいカードです。80～180kgの厚手の紙をお勧めします。紙は重さが重くなる程厚くなります。厚すぎてもカットがしにくくなるので、180kgまでが目安です。 いろいろな角度から球体を楽しめるように、なるべく表裏の分からない紙を使ってください。 普段はケント紙を使っています。いろいろ試してみて自分の使いやすい紙を見つけてください。

1. 上質紙180kg　2. カットタイプの画用紙160kg　3. ケント紙180kg　4. レーザーコピー用の用紙約170kg　5. ノートタイプの画用紙110kg

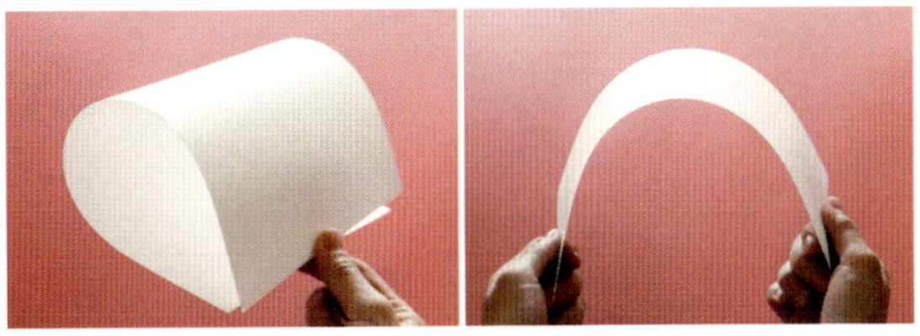

持ってみてこのくらいの張りのあるものを。画用紙は折り目が付くとその部分が弱くなるので注意を。

How to make

カットする

97ページからの厚紙の型紙は、そのままカットして組み立ててください。66～95ページの型紙は、コピーして厚紙に貼って使います。ここではカットのちょっとしたコツとコピーして使う方法を解説します。デザインカッターを使っていますが、リングの外側などははさみでカットしてもかまいません。細かい部分はカッターがお勧めです。

1

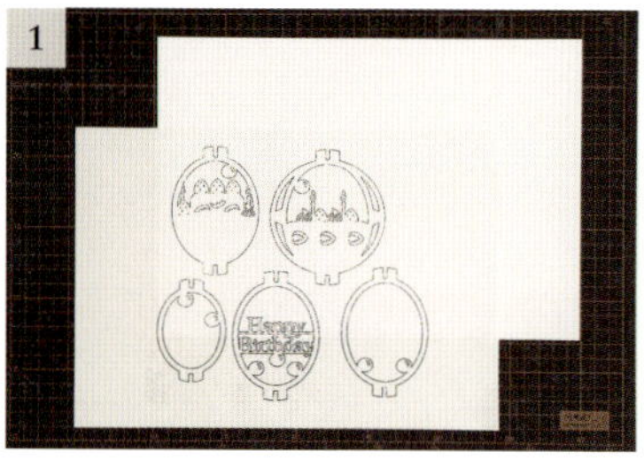

厚紙、図案をコピーした紙を用意します。厚紙は図案よりも大きいサイズの紙を。

2

図案の裏に貼ってはがせるのりを少量付けます。厚紙に貼ってずれなければいいので、のりの付け過ぎには注意を。スティックのりなどは全面に付けず、ポイントだけでもかまいません。

3

厚紙に図案を貼ります。しわにならないように、きれいに貼りましょう。

4

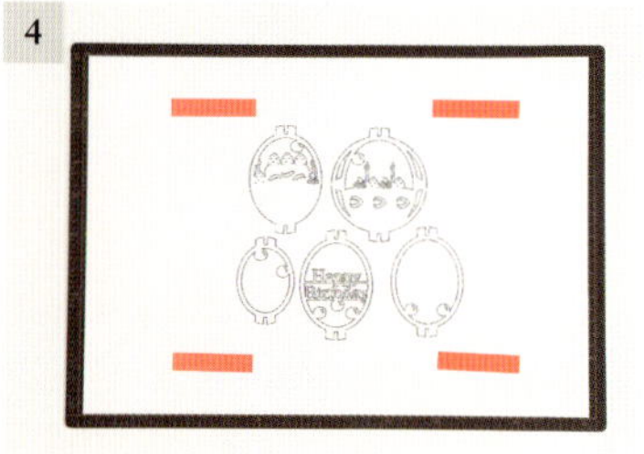

上下をマスキングテープで止めます。

5

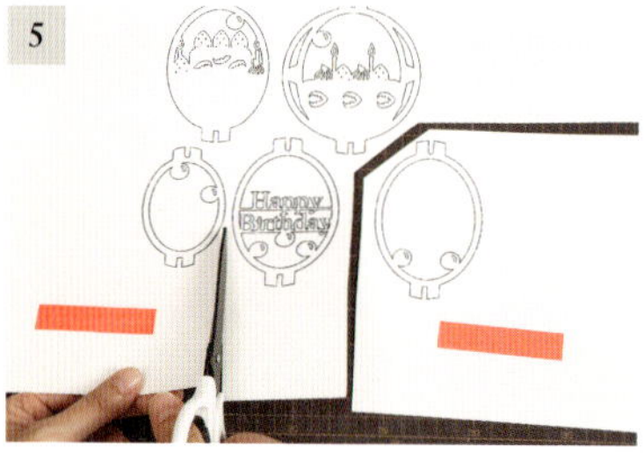

パーツごとに切り分けます。紙を回しながら切ることが多いので、大きなままよりも扱いやすくなります。

6

内側からカットします。角にカッターの刃先を入れて、切り始めます。反対側の手で紙を押さえますが、手はカッターの進行方向（手前）に置かないようにしてください。

7

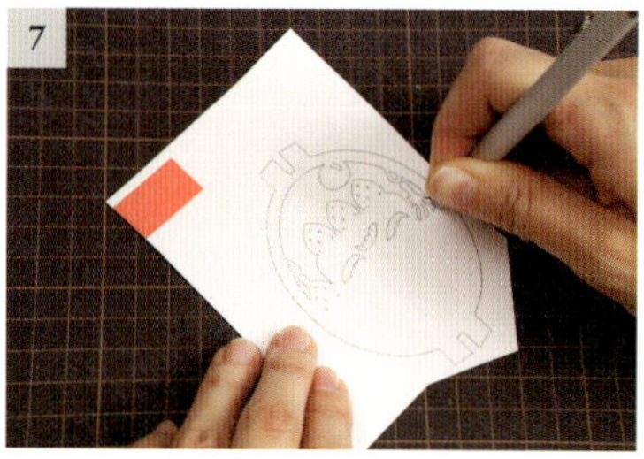

紙をカットしやすい角度に回しながら慎重にカッターを動かします。厚紙なのでぐっと力を入れますが、入れ過ぎはかえってカットしにくくなります。

8

最後と最初は角をきちんと合わせて切り抜きます。

9

細かい部分はピンセットで取ると便利です。

いちごのつぶつぶなどの細かい部分は、針や鉄筆などの先のとがったもので刺して穴をあけます。画びょうなどでもかまいません。

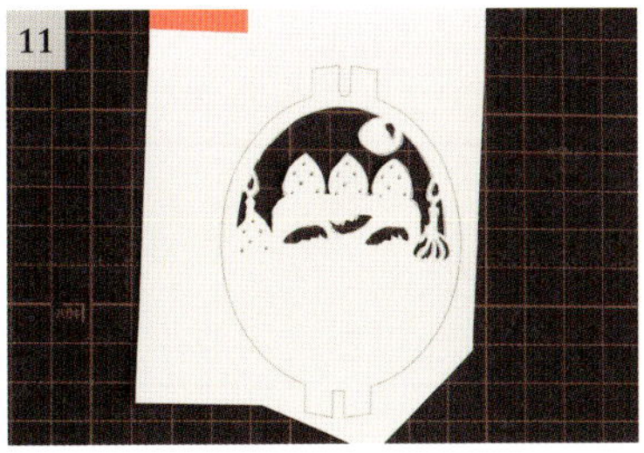

内側がカット出来ました。

次はリングの外側をカットします。カッターの刃先を入れて角をしっかりと出します。

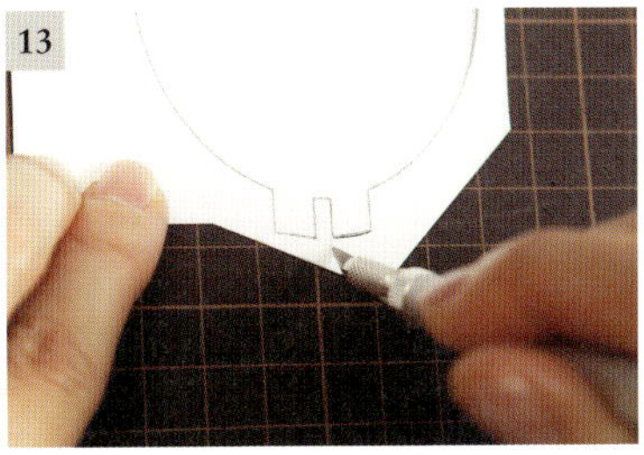

余分な部分は図案で止めずに、下までカットして切り離してもかまいません。

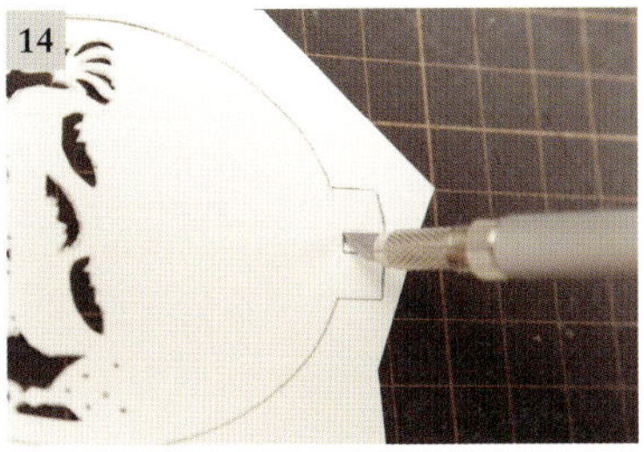

角は一度カッターをはなして紙を回転させ、はなした角にカッターを入れなおして次の辺をカットするときれいです。

すべてカット出来たら手前に出して抜きます。

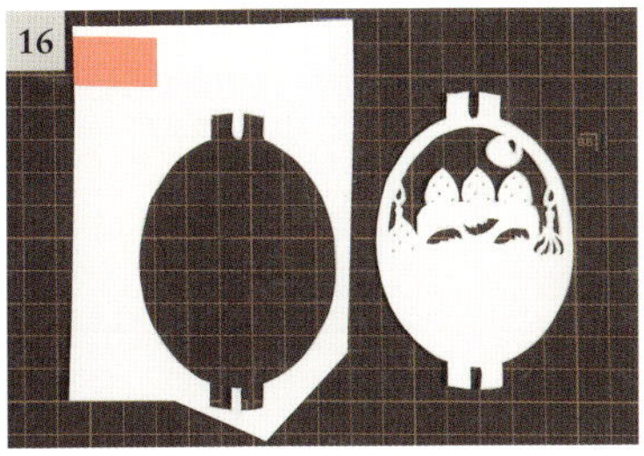

歪んだりしている場合は、はさみやカッターで滑らかに補正してもかまいません。

上に貼った図案のコピーを端から慎重にはがします。

のりが残った場合は、マスキングテープや専用のゴムなどで取り除きます。ほかのパーツも同様にカットします。

Happy
Birthday

E-mail
me!
LOVE

作品の型紙

66ページからすべての作品の型紙を掲載しています。60ページの要領でコピーして厚紙に貼ってお使いください。コピーして貼る方法以外に、トレースをして厚紙に図案を写してもかまいません。このとき、なるべく線が目立たないようにしましょう。
97ページから6作品の型紙を掲載した厚紙が付いています。そのまま切り取って組み立ててください。スフィアの多くの作品に表裏はありませんが、厚紙は図案が印刷されているほうが裏になります。そのため図案は反転して掲載しています。カットしたら白の表を見ながら組み立ててください。
作品の組み立て方は、smallは18ページ、midium 1は28ページ、midium 2は42ページ、largeは52ページに掲載しています。どの図案でもサイズごとに組み立て方は同じなので、ページを見ながら組み立ててください。

P.6 ● small共通リング5枚

smallで使うリングです。中心2のリング以外はすべての図案に共通なので、この5枚のリングを使ってください。
組み立て方は18ページ参照。

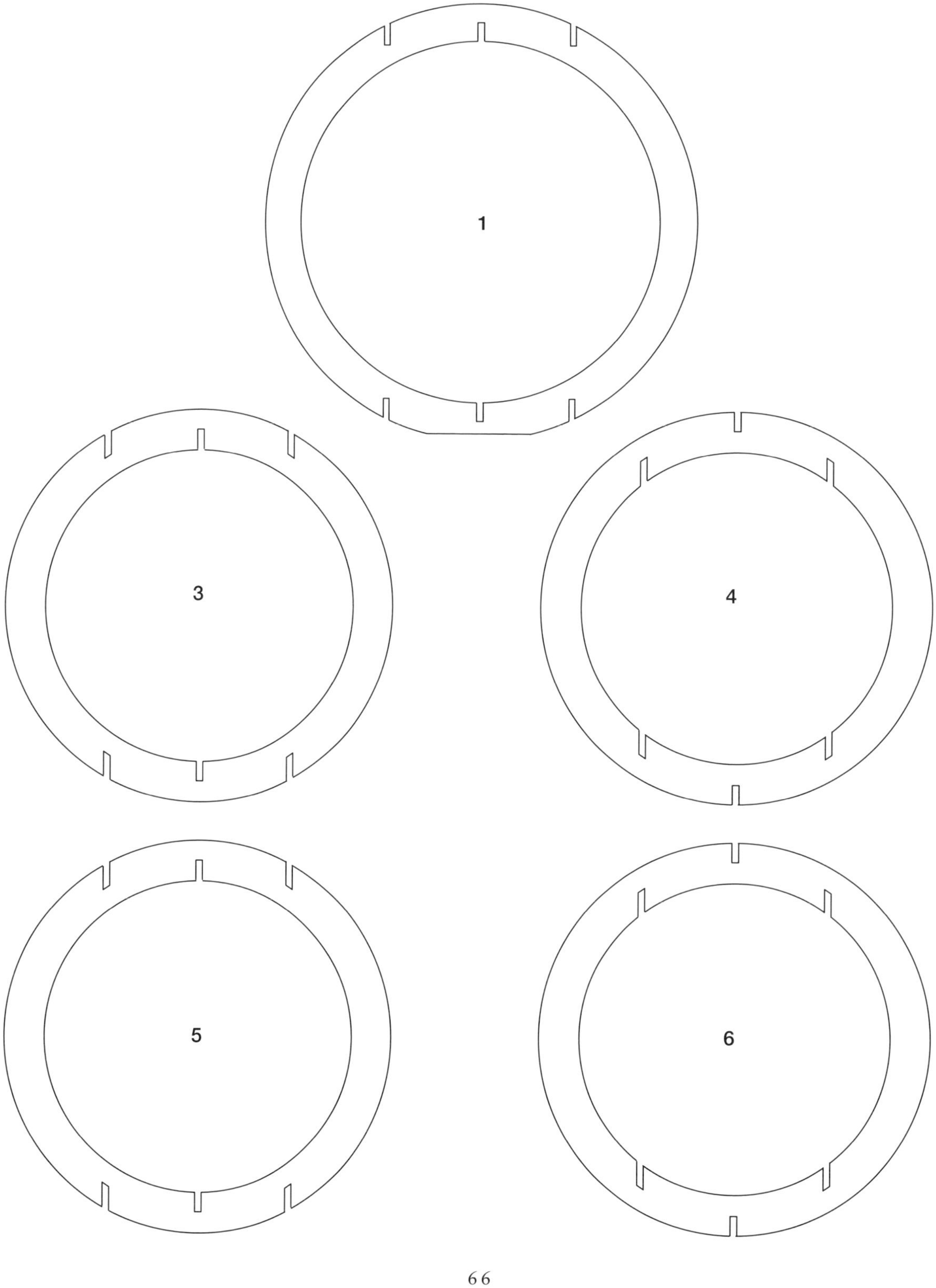

P.8 ● messageのカード4種

smallの中心のモチーフ、2のリングです。組み立て方は18ページ参照。

P.9 ● messageのカード4種

smallの中心のモチーフ、2のリングです。組み立て方は18ページ参照。

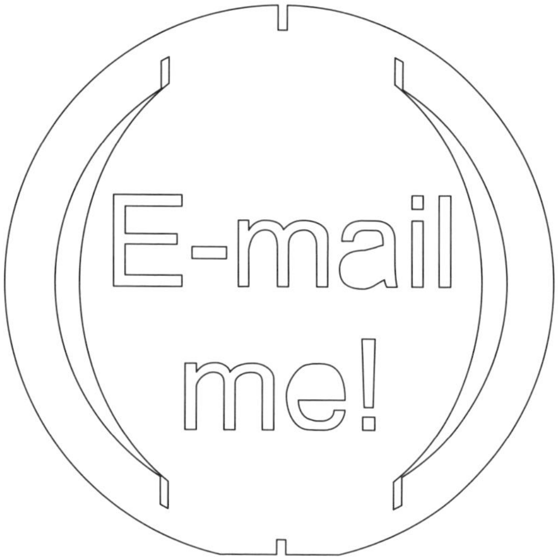

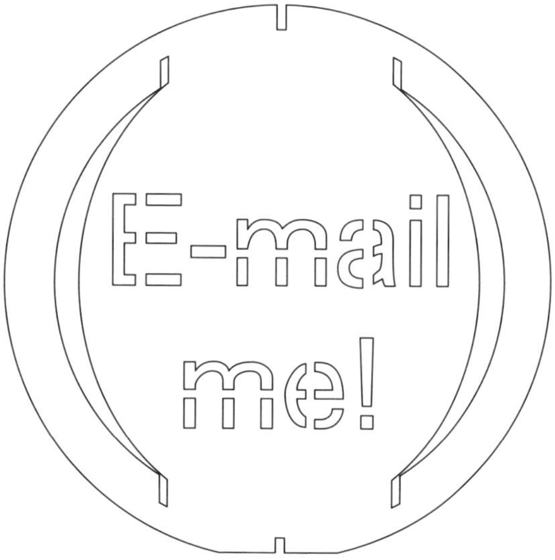

P.10,12,13 ● さくら、ばら、雪の結晶、ツリー、3つの星のカード

smallの中心のモチーフ、2のリングです。組み立て方は18ページ参照。

さくら

ばら

3つの星

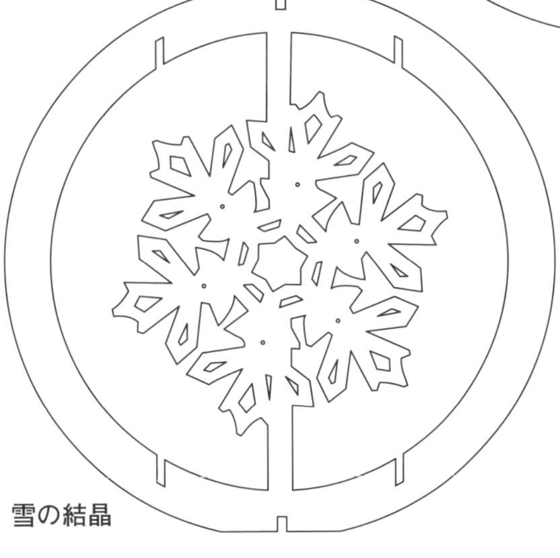

雪の結晶

ツリー

P.14,15 ● 王冠、小鳥、四ツ葉のクローバー、ハートのカード

smallの中心のモチーフ、2のリングです。組み立て方は18ページ参照。

王冠

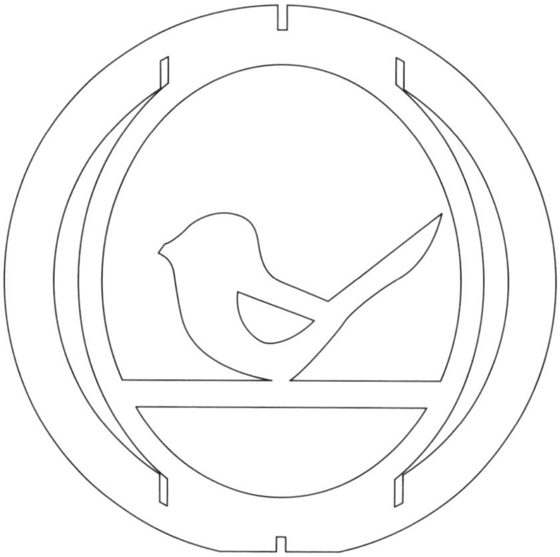

小鳥

四ツ葉のクローバー

ハート

P.20 ● midium1共通リング4枚

midium1で使うリングです。中心のモチーフになる3、8、9のリング以外はすべて共通なので、71、72ページの6枚のリングを使ってください。組み立て方は28ページ参照。

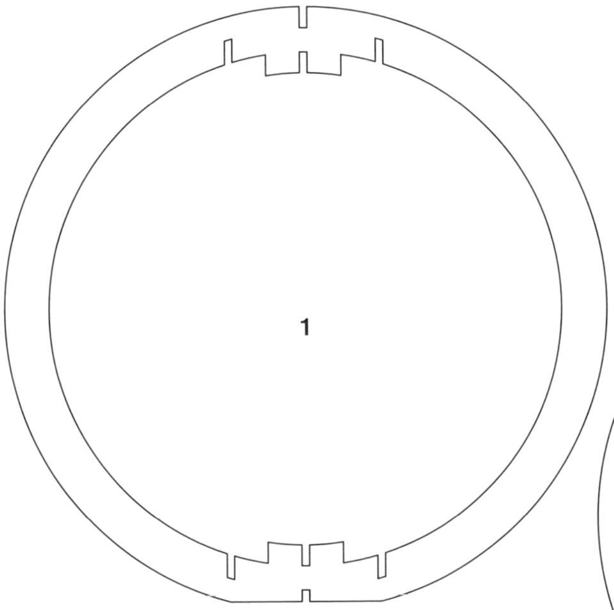

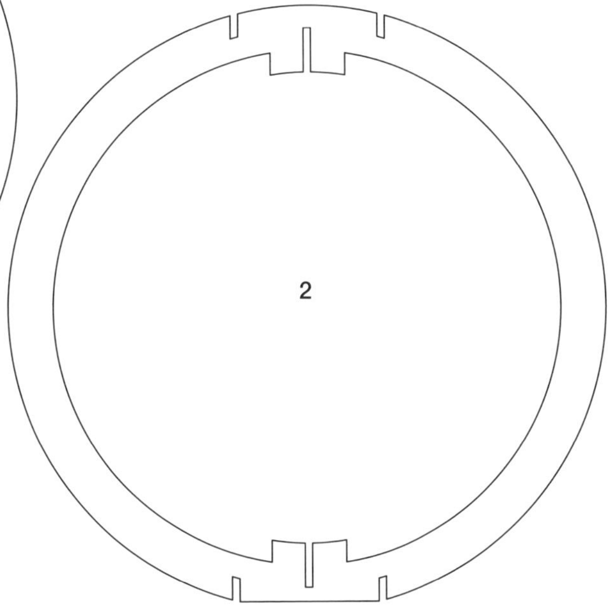

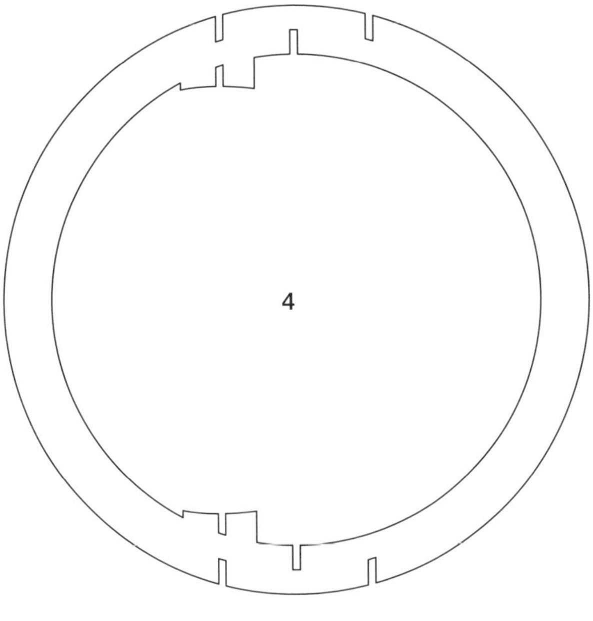

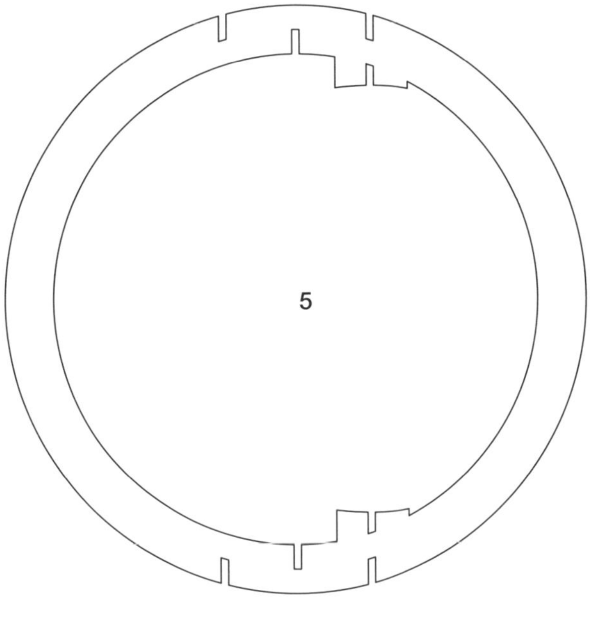

P.20,22 ● midium1共通リング2枚とHappyBirthdayのカード

midium1で使うリングです。上の2枚は共通のリングなので、71ページとあわせて使ってください。下の3枚は中心に入るモチーフのリングです。組み立て方は28ページ参照。

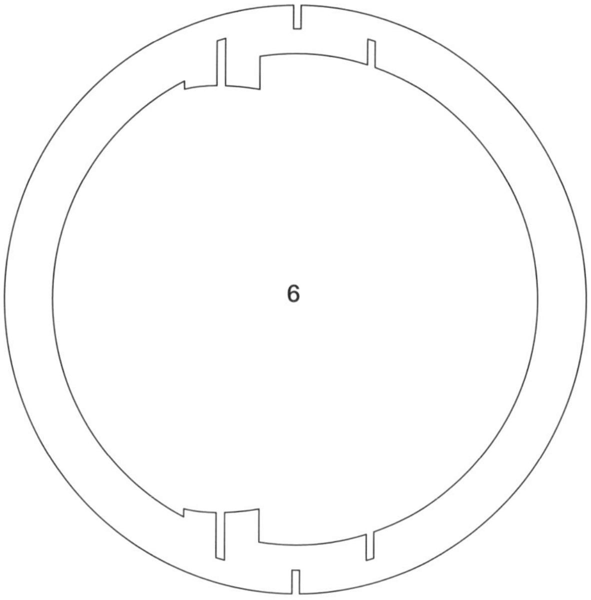

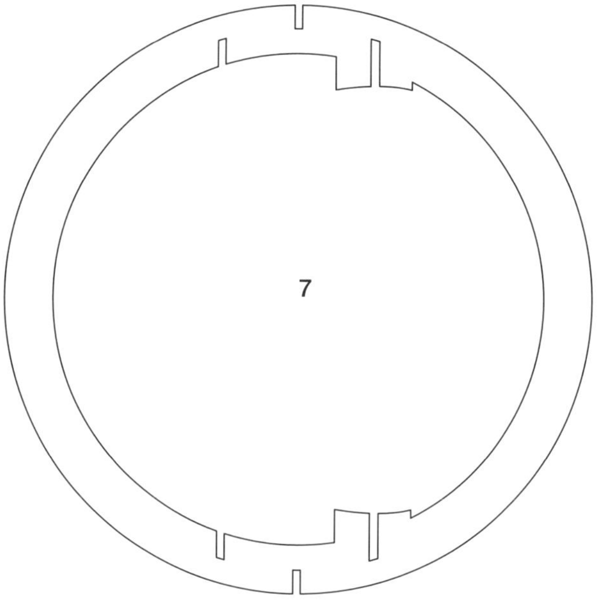

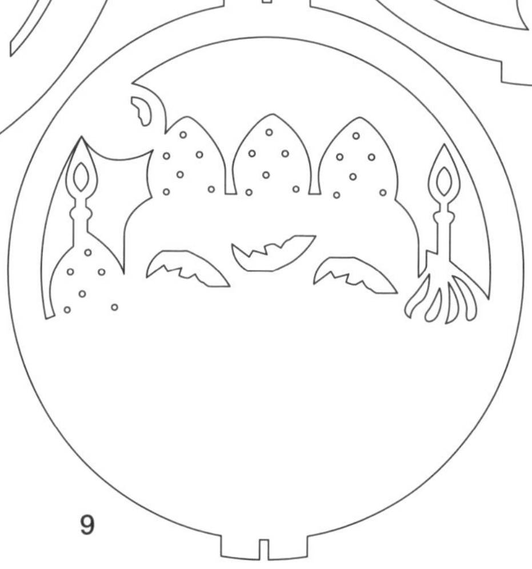

P.23 ● プレゼントのカード

midium1の中心のモチーフのリングです。組み立て方は28ページ参照。

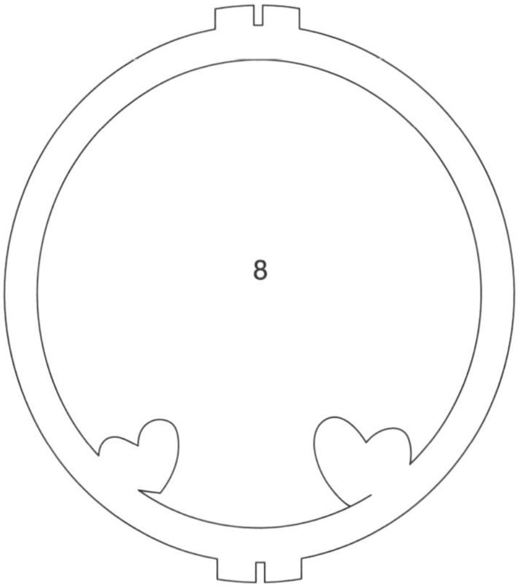

P.24 ● ハロウィンのカード

midium1の中心のモチーフのリングです。組み立て方は28ページ参照。

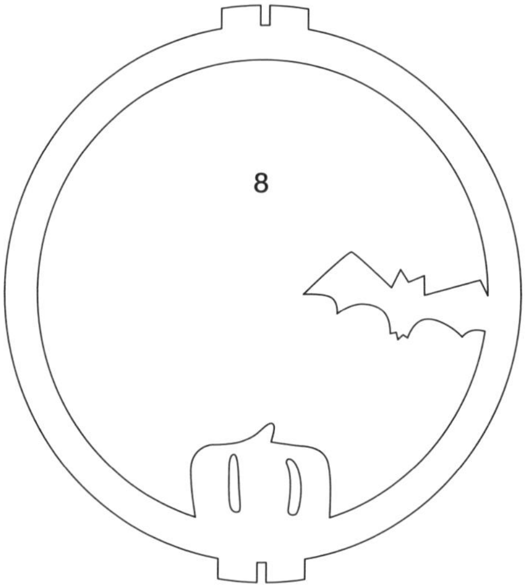

P.25 ● Merry Christmasのカード

midium1の中心のモチーフのリングです。組み立て方は28ページ参照。

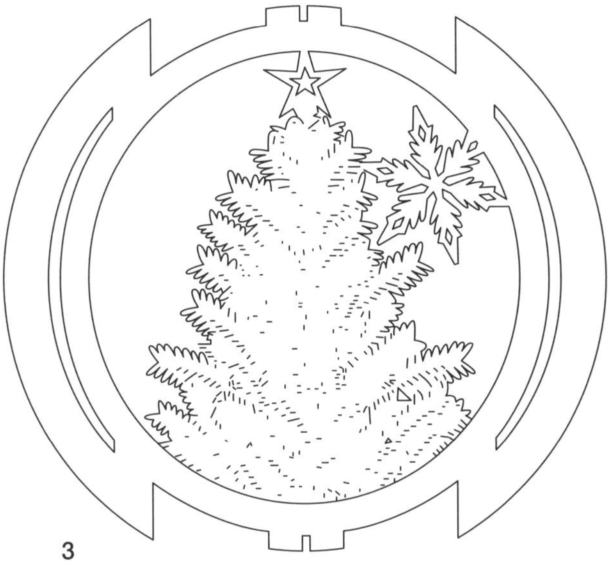

3

8

9

P.26 ● すずらんと妖精のカード

midium1の中心のモチーフのリングです。組み立て方は28ページ参照。

3

8

9

P.30 ● midium2共通リング4枚

midium2で使うリングです。モチーフのとなりになるリングで、この4枚にはモチーフが入りません。すべての図案に共通なので、この4枚のリングを使ってください。組み立て方は42ページ参照。

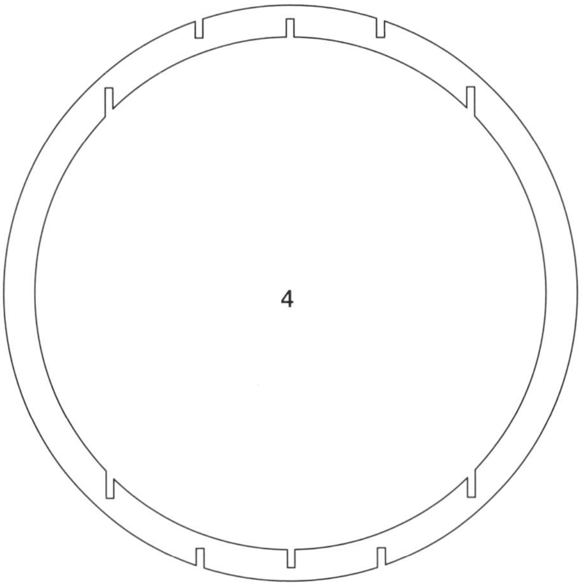

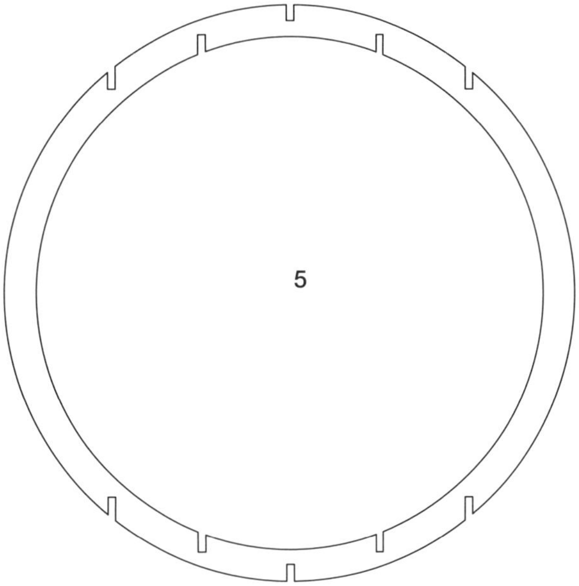

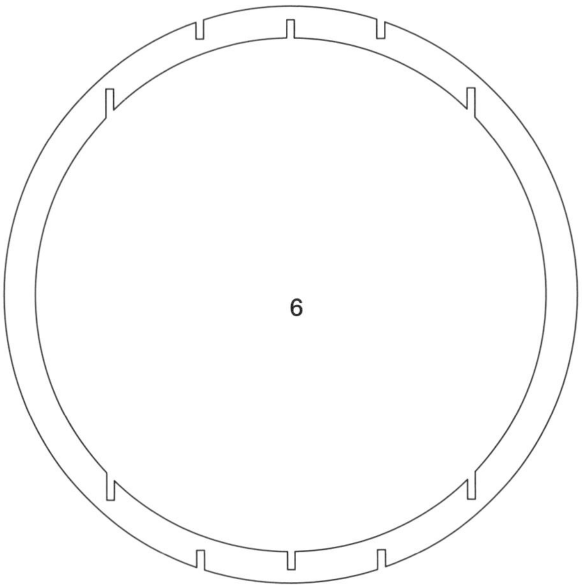

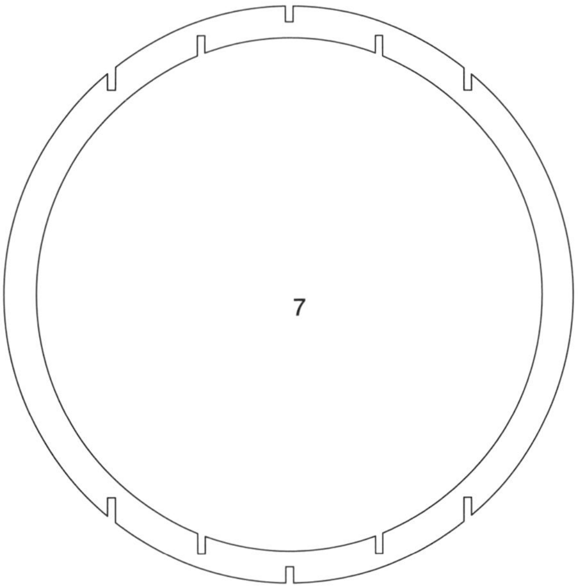

P.32 ● ウエディングのカード

midium2のモチーフが入る7枚のリングです。組み立て方は42ページ参照。

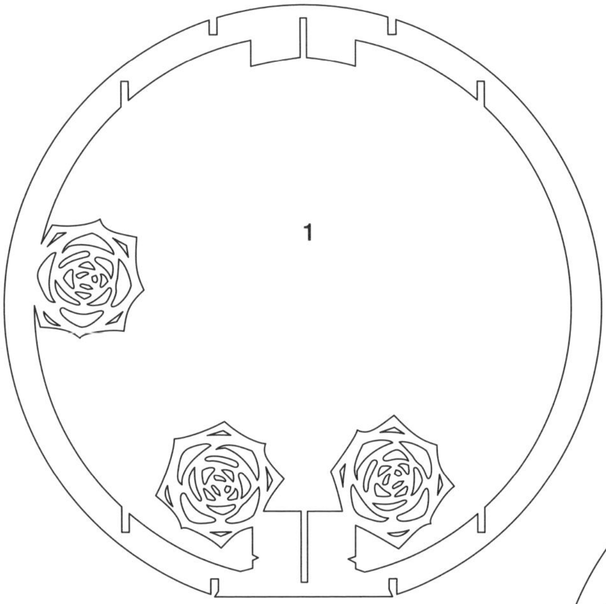

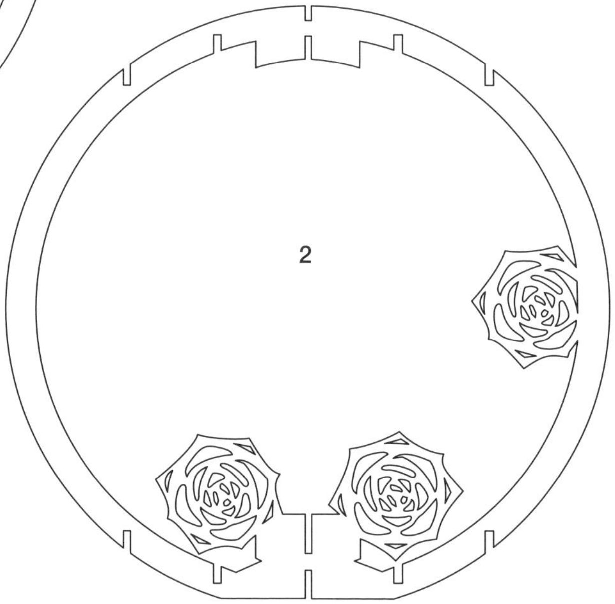

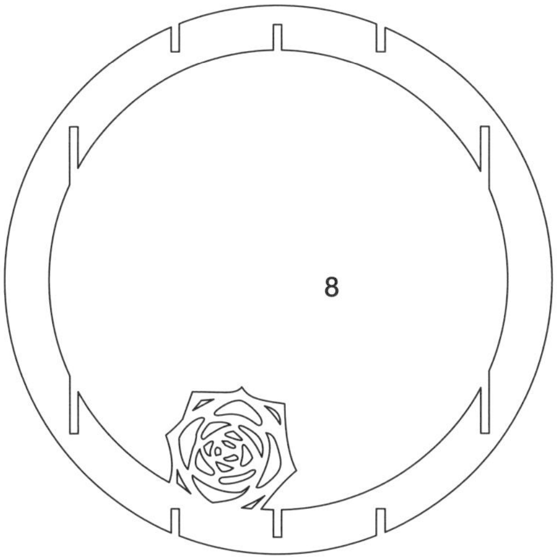
8

10

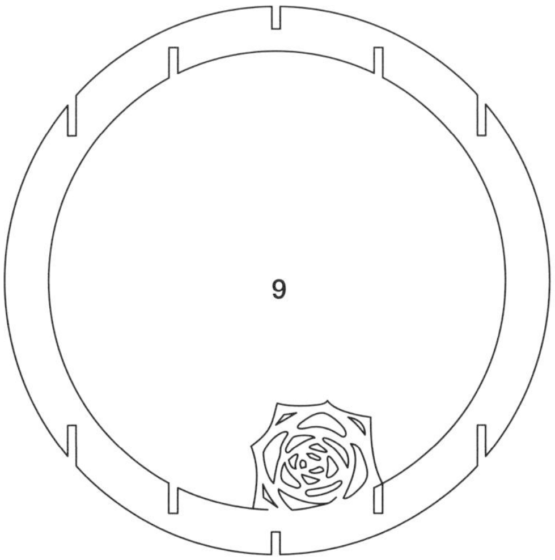
9

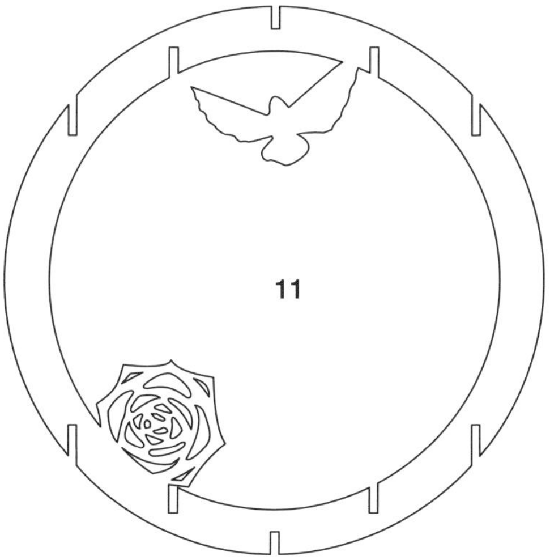
11

P.34 ● アリスのティータイムのカード

midium2のモチーフが入る5枚と入らない2枚のリングです。組み立て方は42ページ参照。

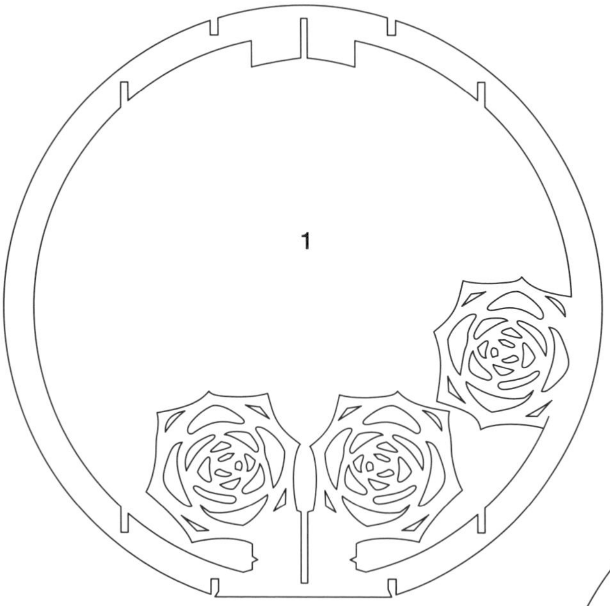

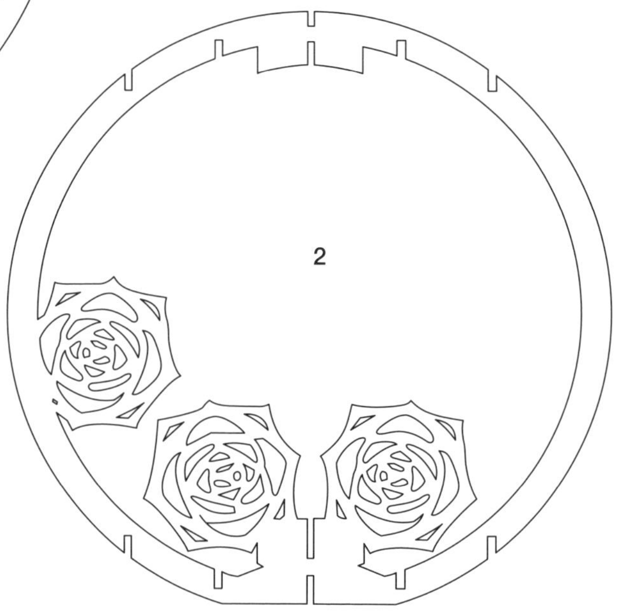

3

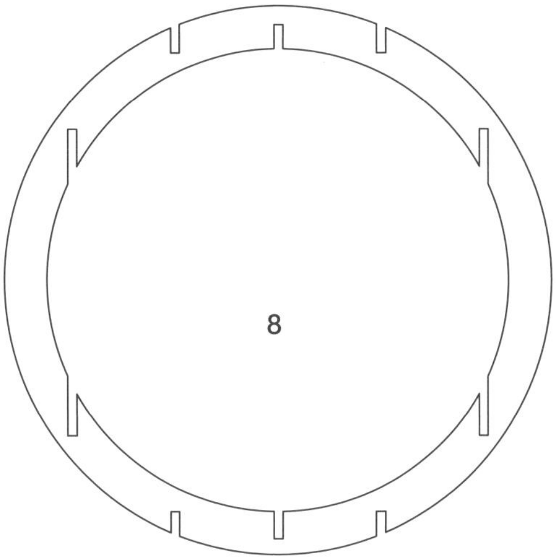
8

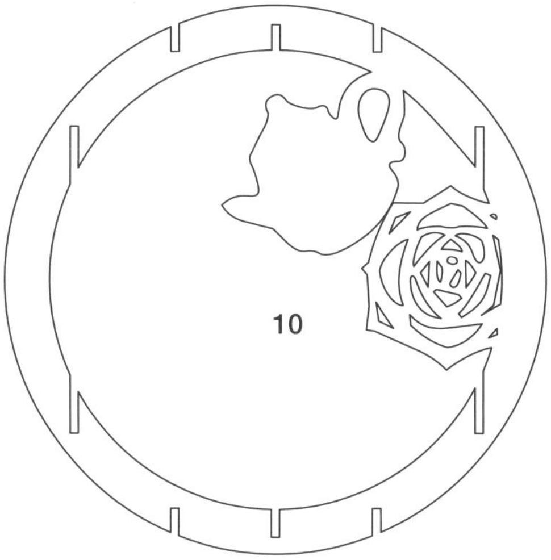
10

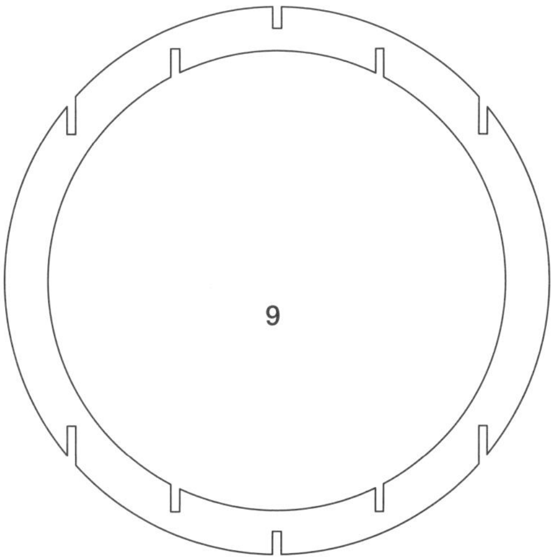
9

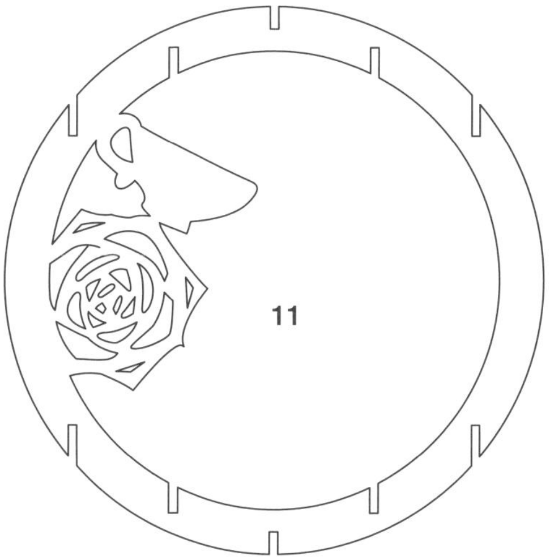
11

P.35 ● 赤ずきんのカード

midium2のモチーフが入る5枚と入らない2枚のリングです。組み立て方は42ページ参照。

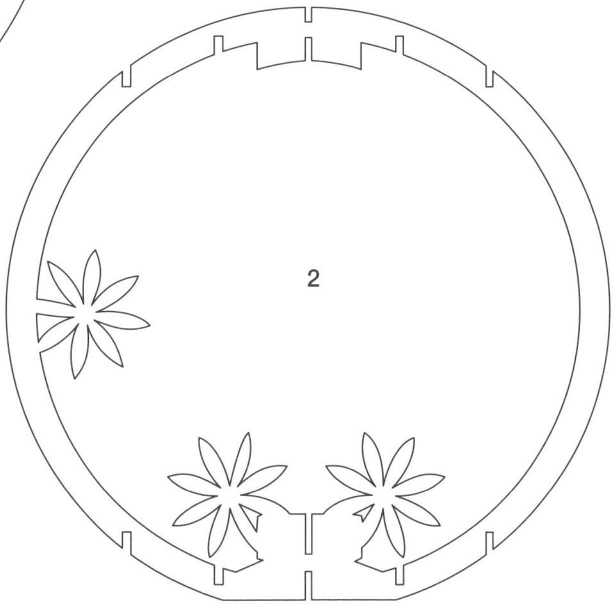

3

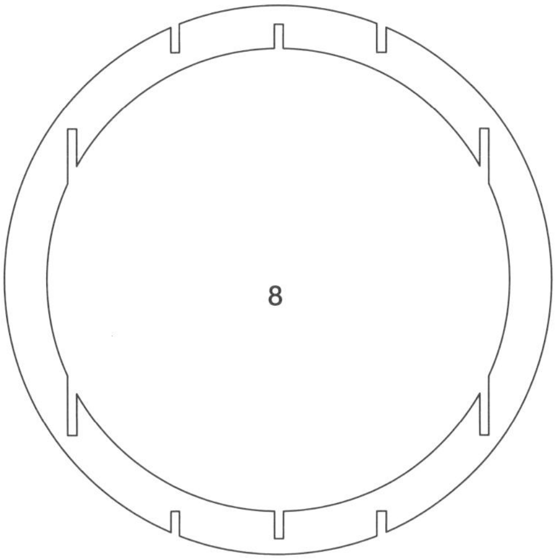
8

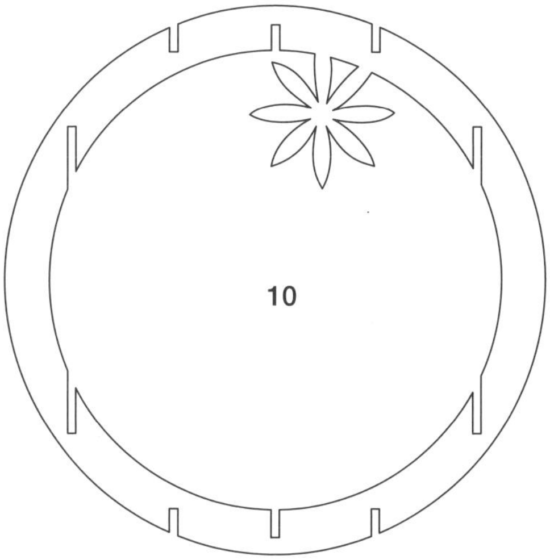
10

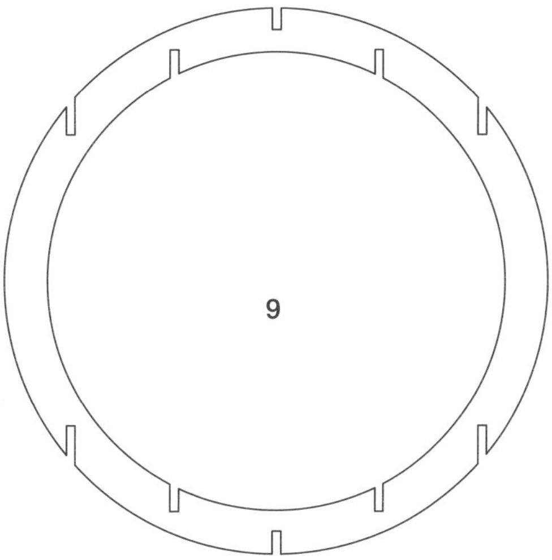
9

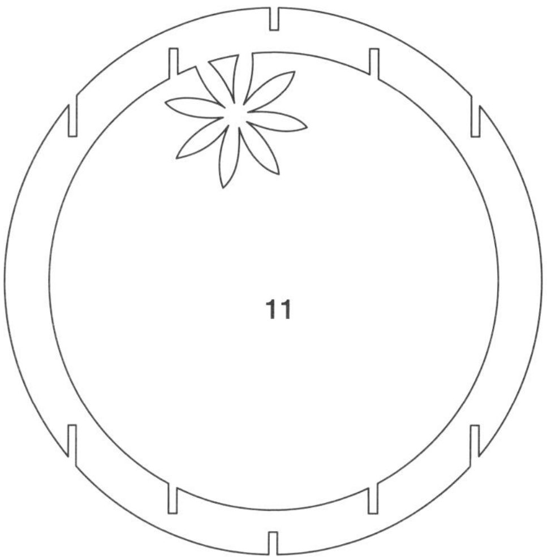
11

P.36 ● アリスとトランプのカード

midium2のモチーフが入る5枚と入らない2枚のリングです。組み立て方は42ページ参照。

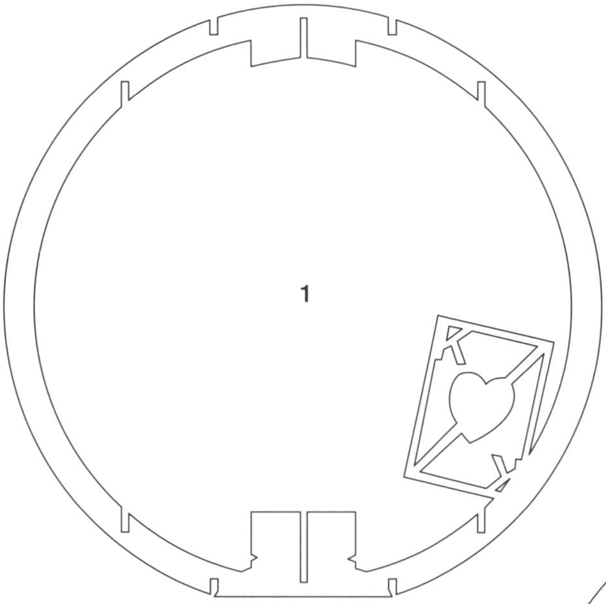

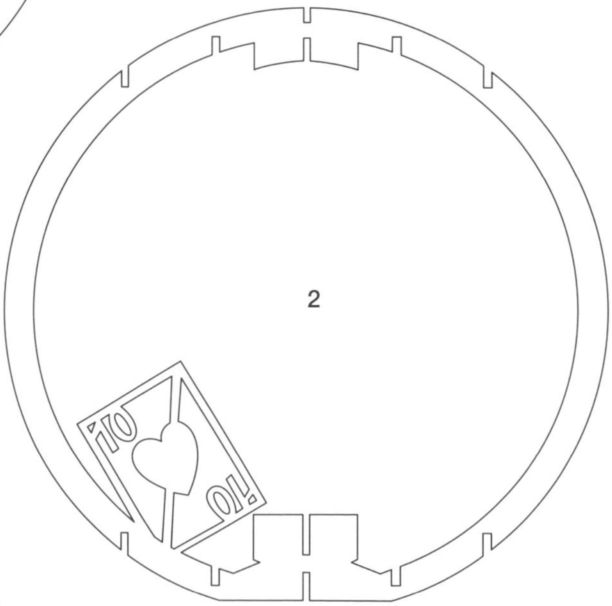

3

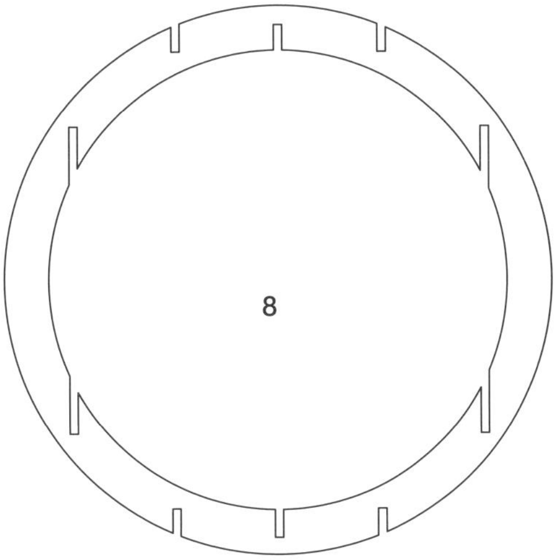
8

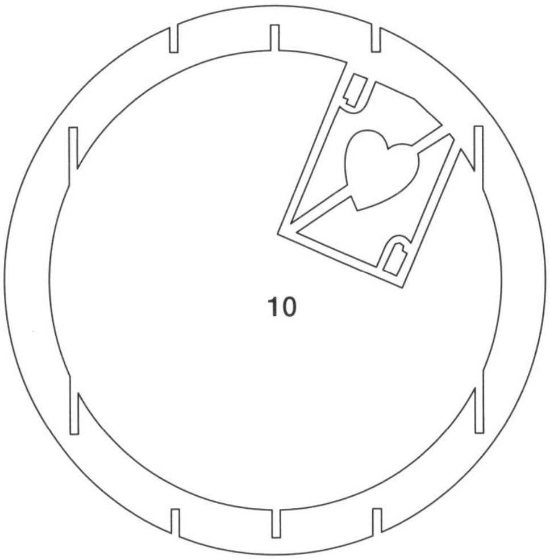
10

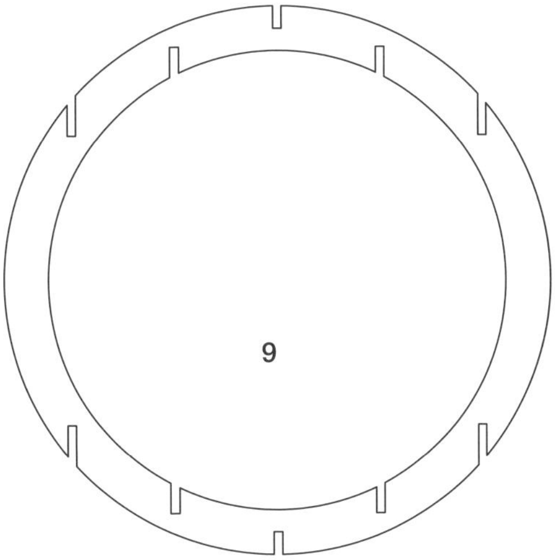
9

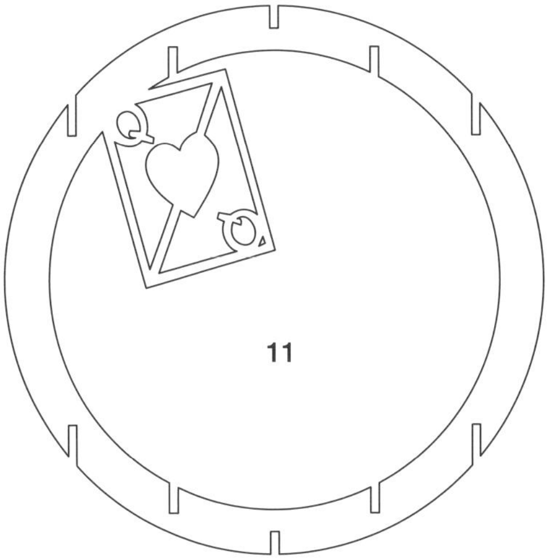
11

P.38 ● Happy Birthdayのカード

midium2のモチーフが入る7枚のリングです。組み立て方は42ページ参照。

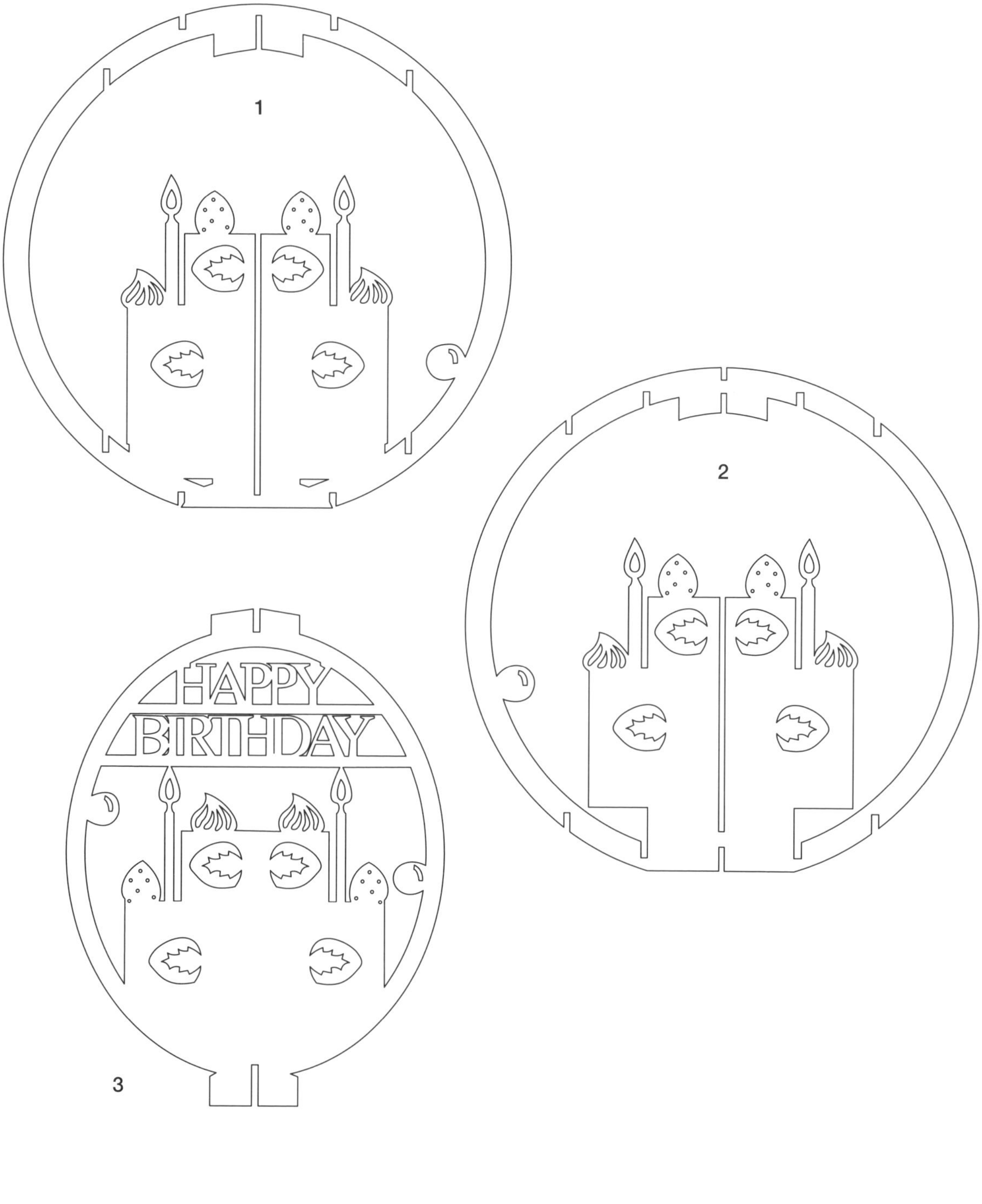

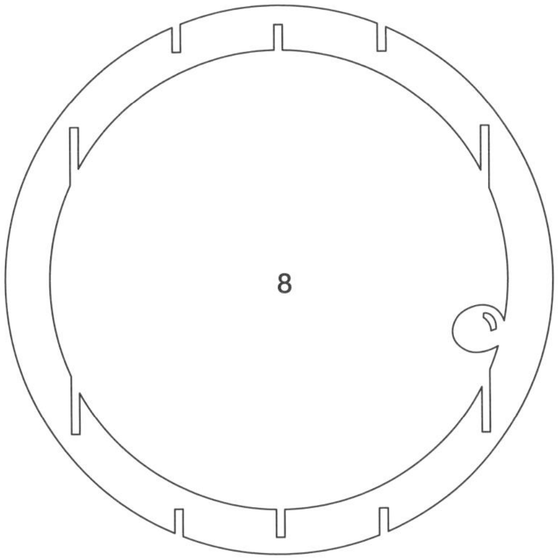
8

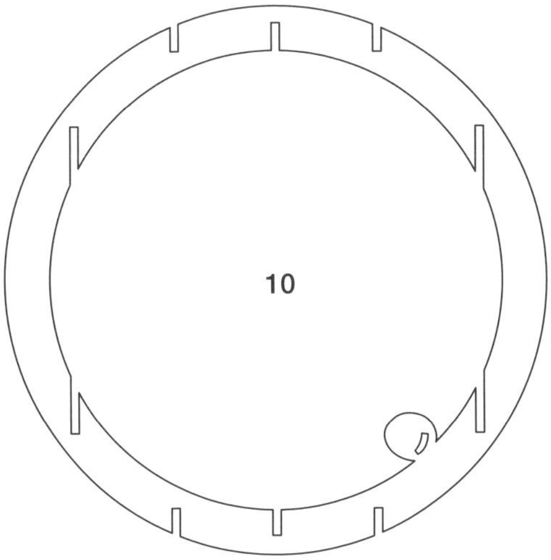
10

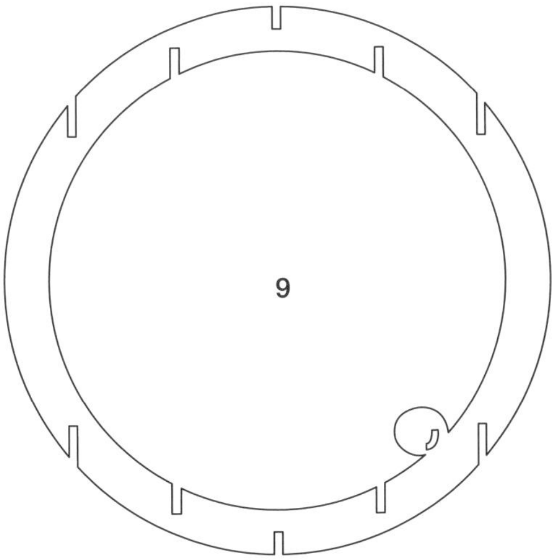
9

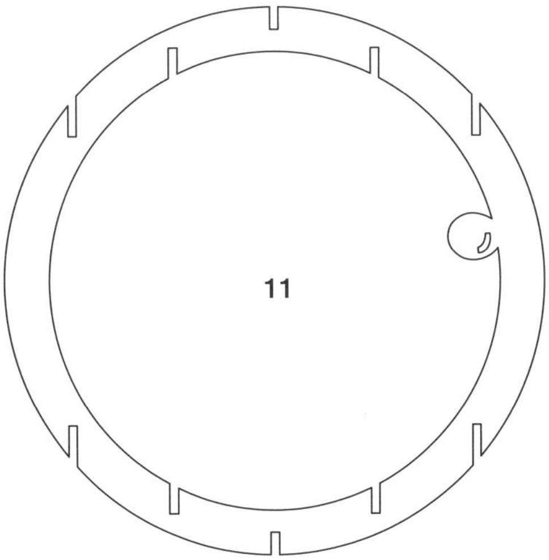
11

P.46 ● large共通リング18枚

largeで使うリングです。中心のモチーフの4枚以外はすべて共通なので、88～92ページの18枚のリングを使ってください。組み立て方は52ページ参照。

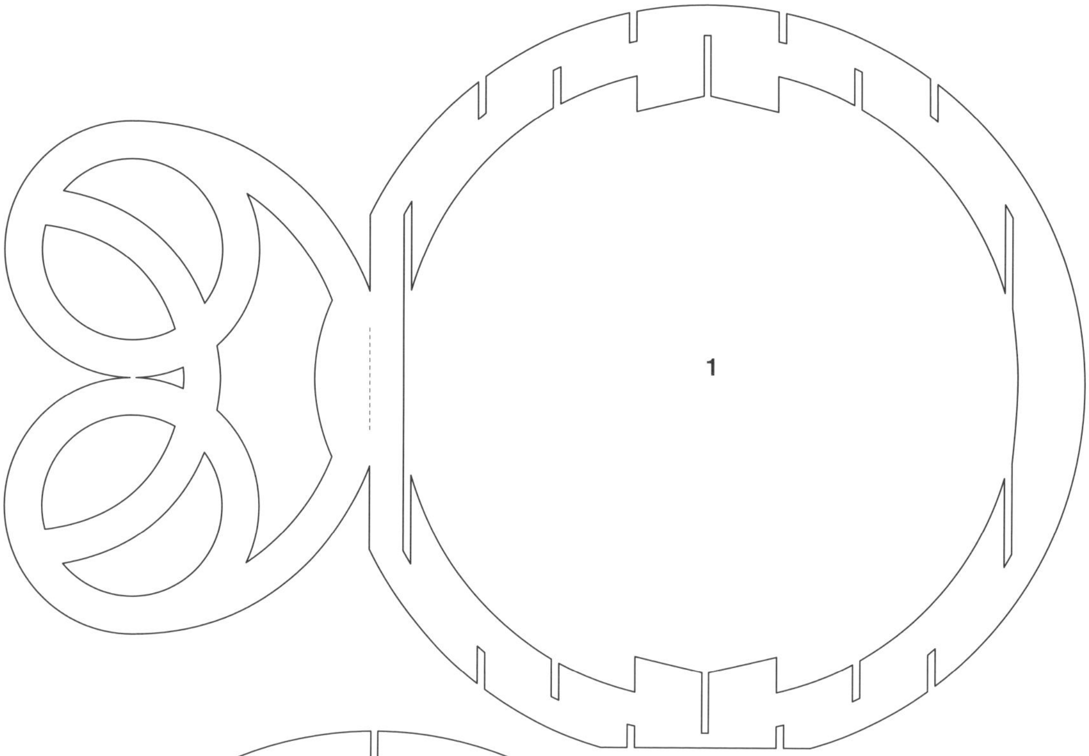

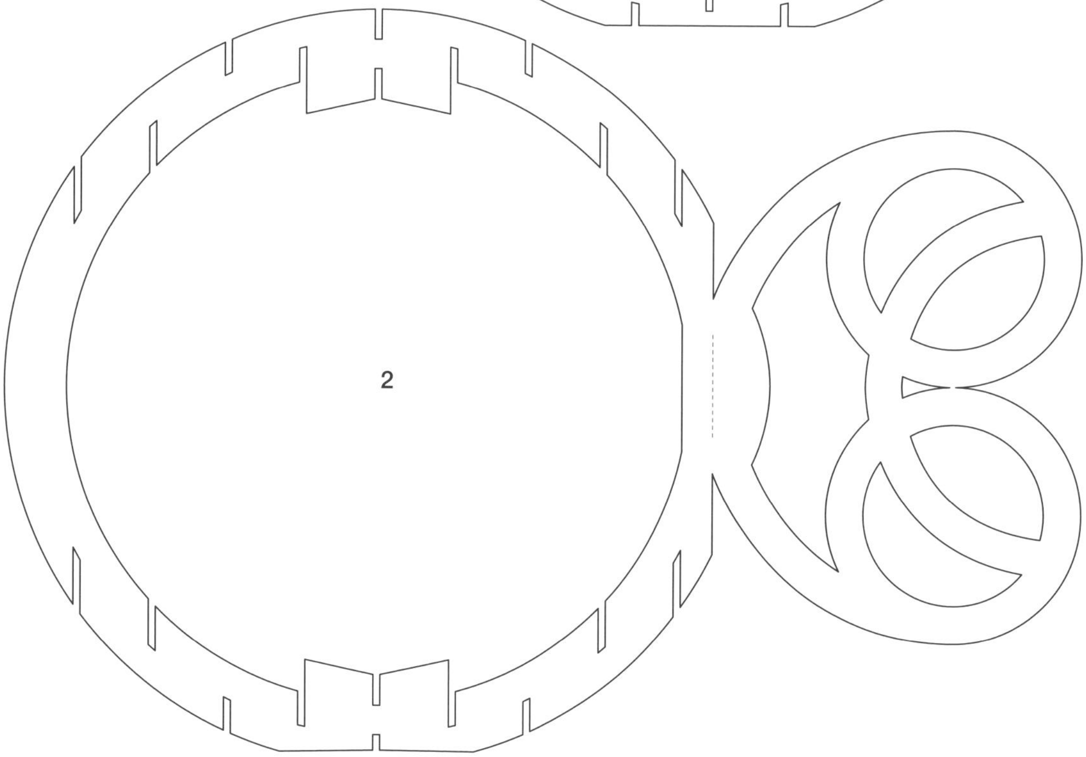

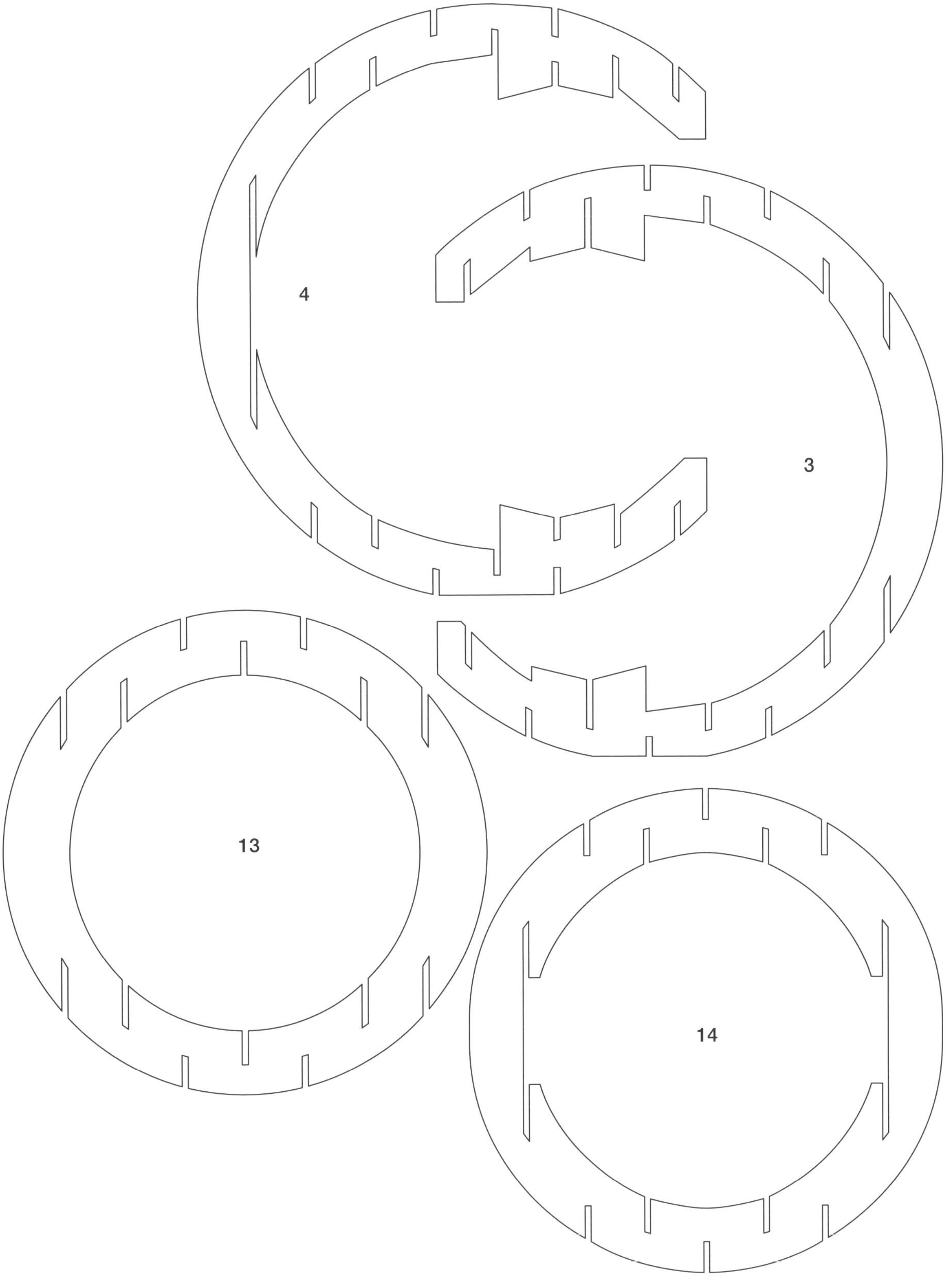
4
3
13
14

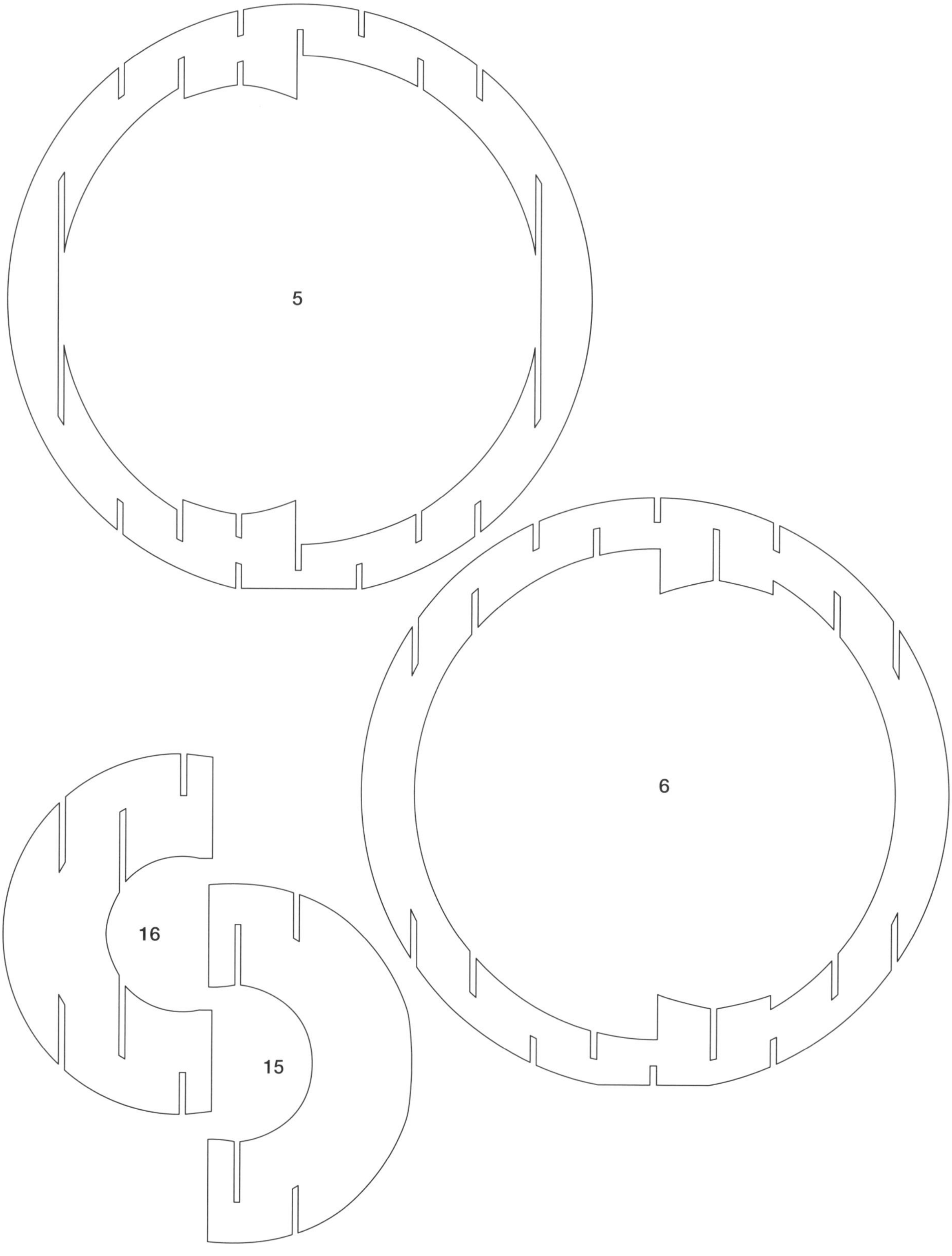
5
6
16
15

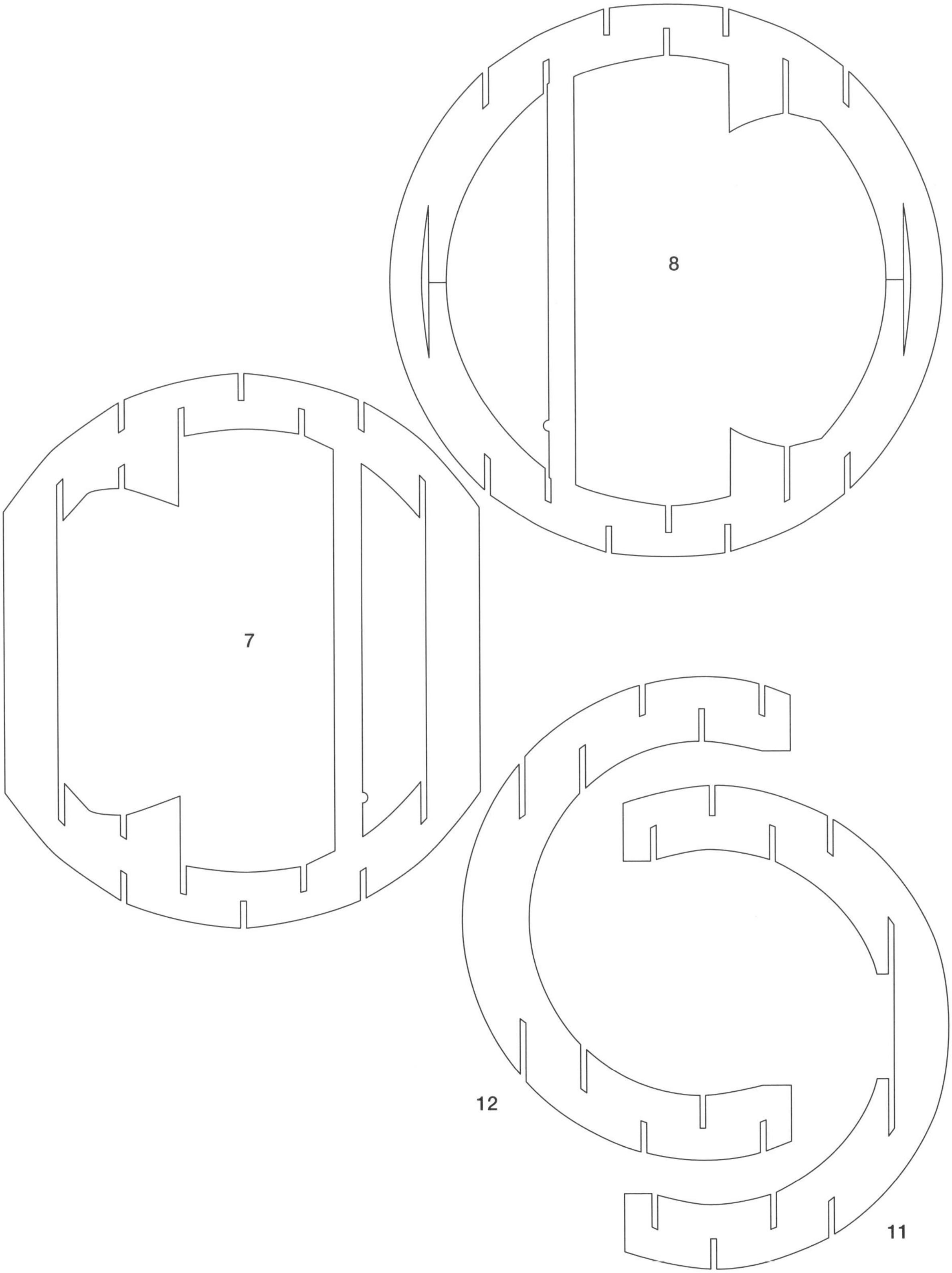
8
7
12
11

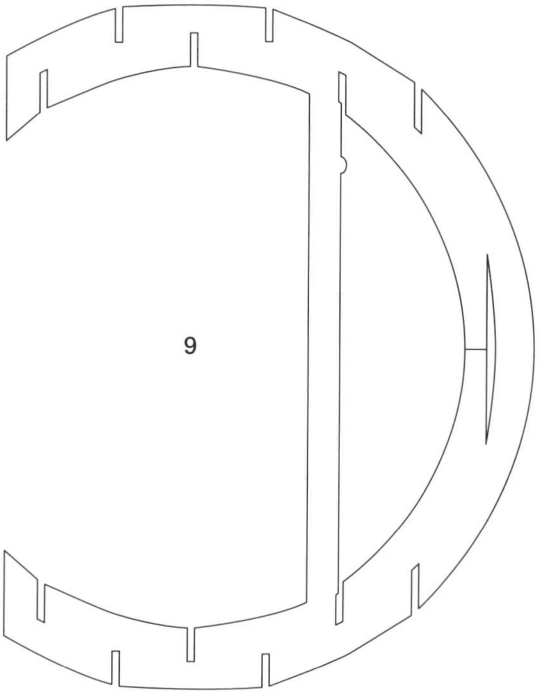
9

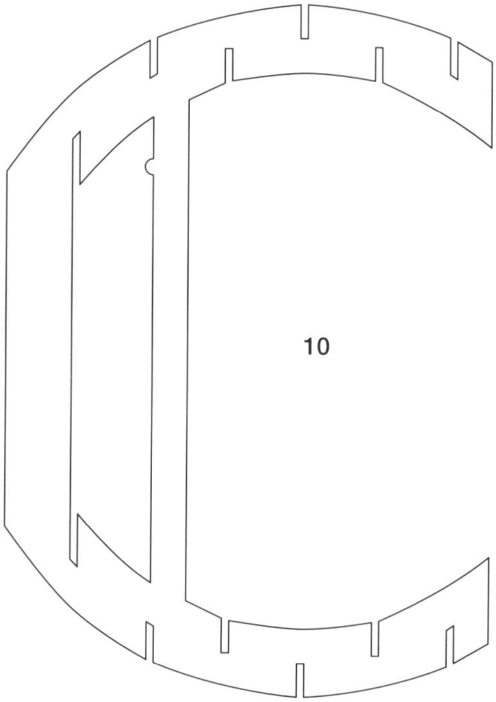
10

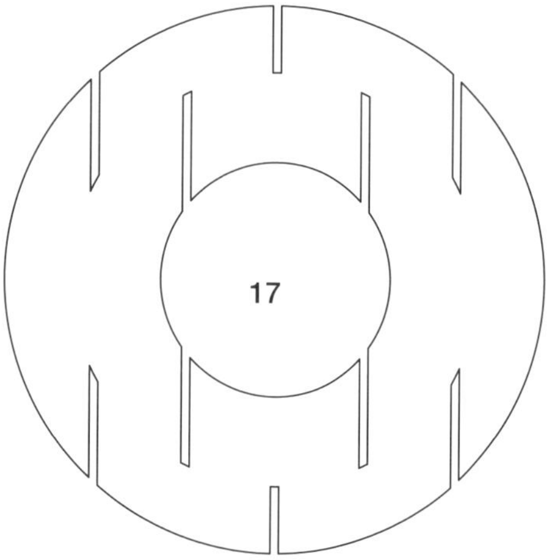
17

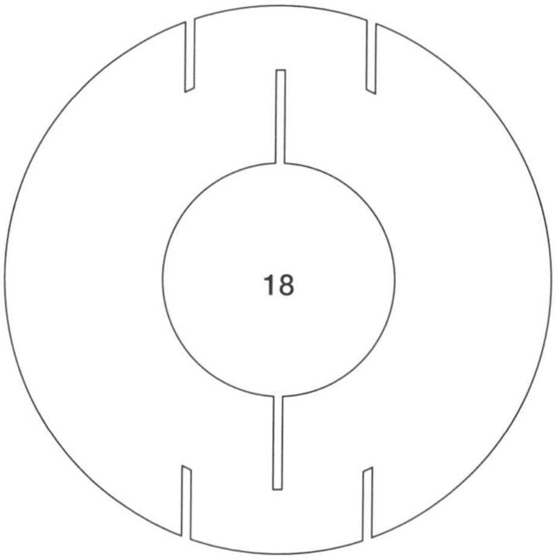
18

P.48 ● アリスのティータイムのカード

largeの中心、モチーフが入る4枚のリングです。組み立て方は52ページ参照。

19

21

20

22

P.50 ● Happy Birthdayのカード

largeの中心、モチーフが入る4枚のリングです。組み立て方は52ページ参照。

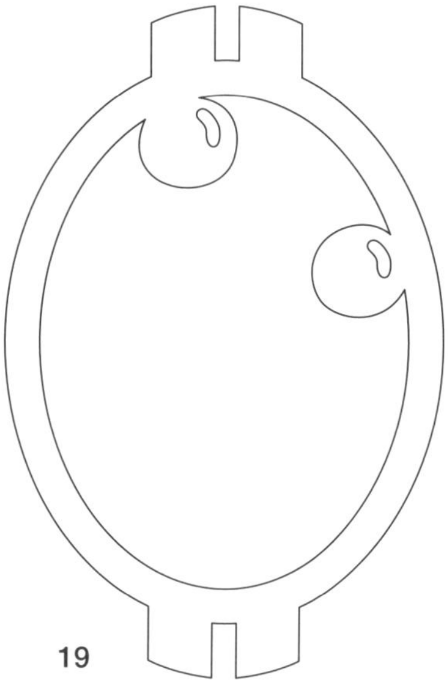

19

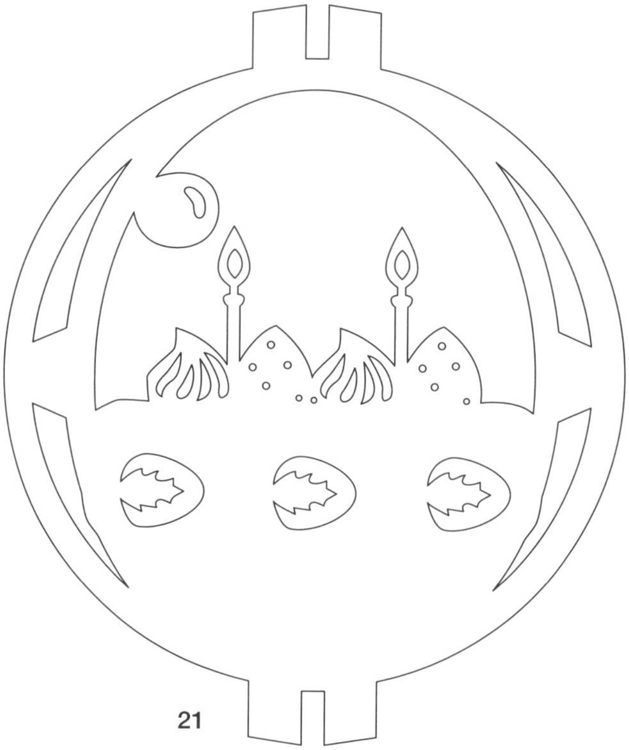

21

20

22

P.51 ● Merry Christmasのカード

largeの中心、モチーフが入る4枚のリングです。組み立て方は52ページ参照。

19

21

20

22

月本せいじ

兵庫県出身。ポップアップカードアーティスト。代表作のSPHEREをはじめ、立体のおもしろさのある作品を追求している。ポップアップカードは、イベントや個展、ネットで販売中。現在も新たな形のポップアップカードを研究している。
http://twitter.com/TsukimotoSeiji

staff

撮影　山本和正
デザイン　中田聡美
図案トレース　共同工芸社
編集　恵中綾子（グラフィック社）

SPHERE

不思議な 球体ポップアップカード

2016年12月25日　初版第1刷発行
2024年 6 月25日　初版第10刷発行

著　者　月本せいじ
発行者　津田淳子
発行所　株式会社グラフィック社
〒102-0073
東京都千代田区九段北1-14-17
tel. 03-3263-4318（代表）
03-3263-4579（編集）
fax. 03-3263-5297
https://www.graphicsha.co.jp
印刷製本　図書印刷株式会社

定価はカバーに表示してあります。
乱丁・落丁本は、小社業務部宛にお送りください。小社送料負担にてお取り替え致します。

ISBN978-4-7661-2980-9　C2076

P.10 ● small　さくらのカード

厚紙をそのまま切り取って使えます。組み立て方は18ページ参照。

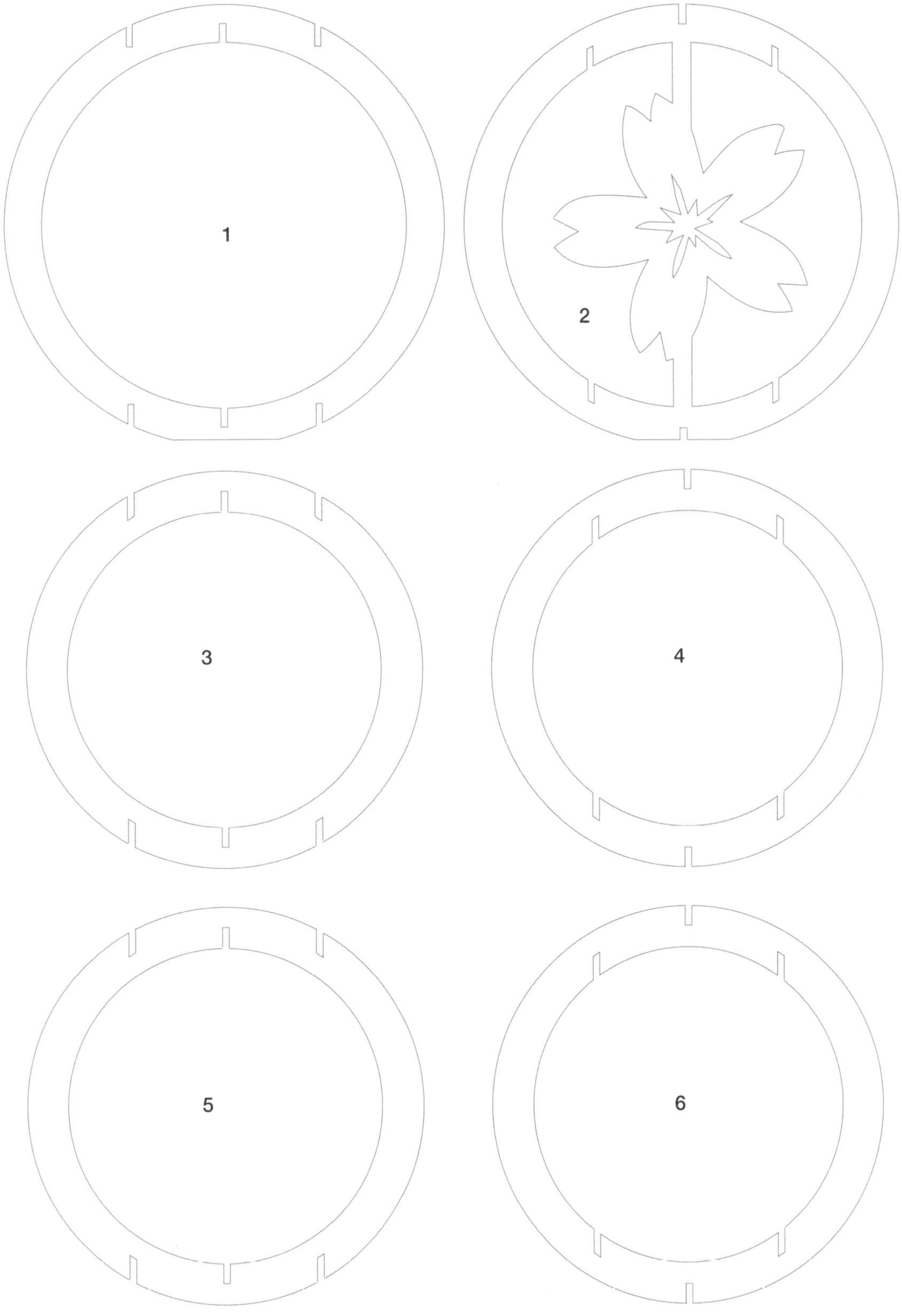

切り取り線

切り取り線

P.14 ● small　王冠のカード

厚紙をそのまま切り取って使えます。組み立て方は18ページ参照。

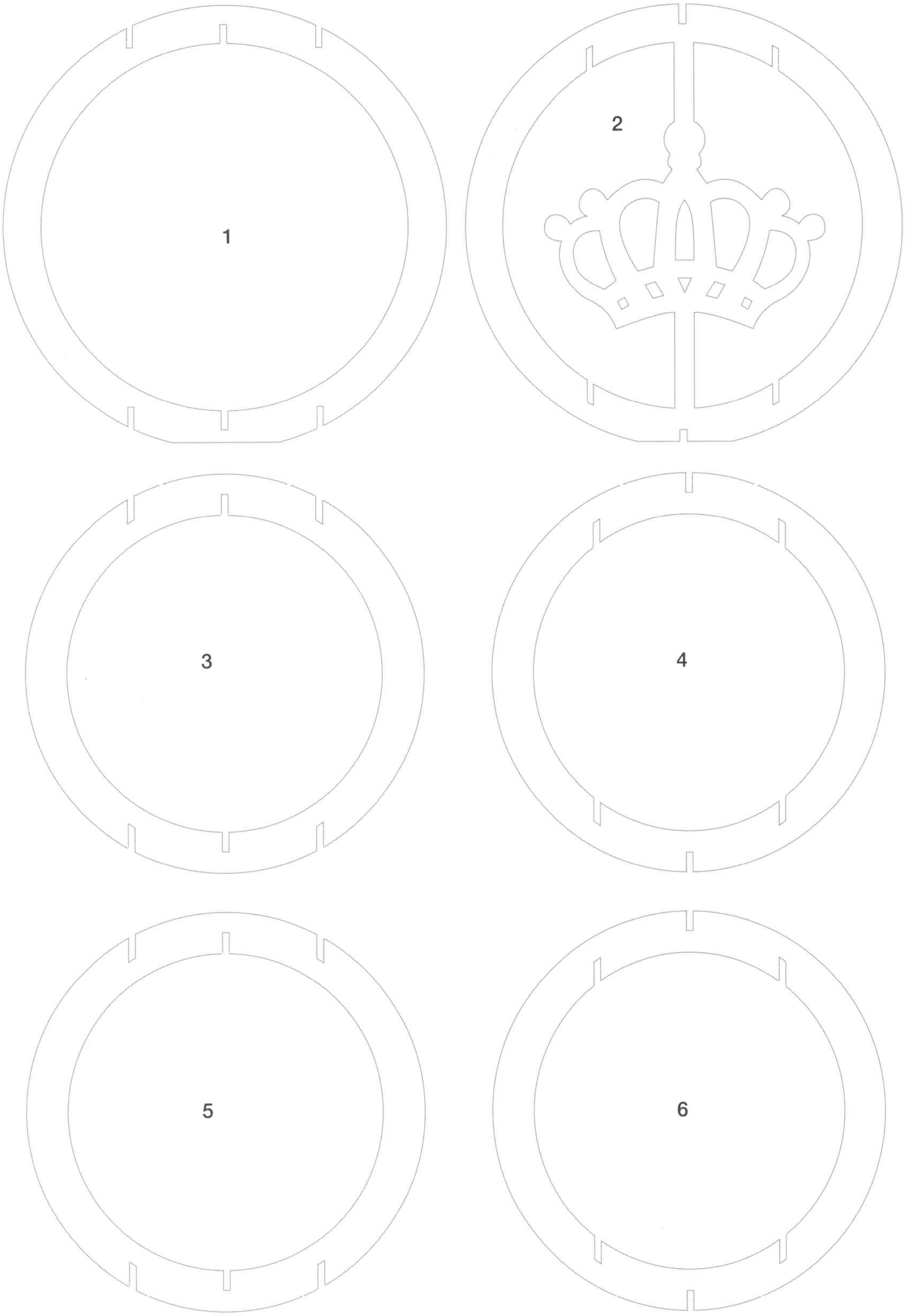

切り取り線

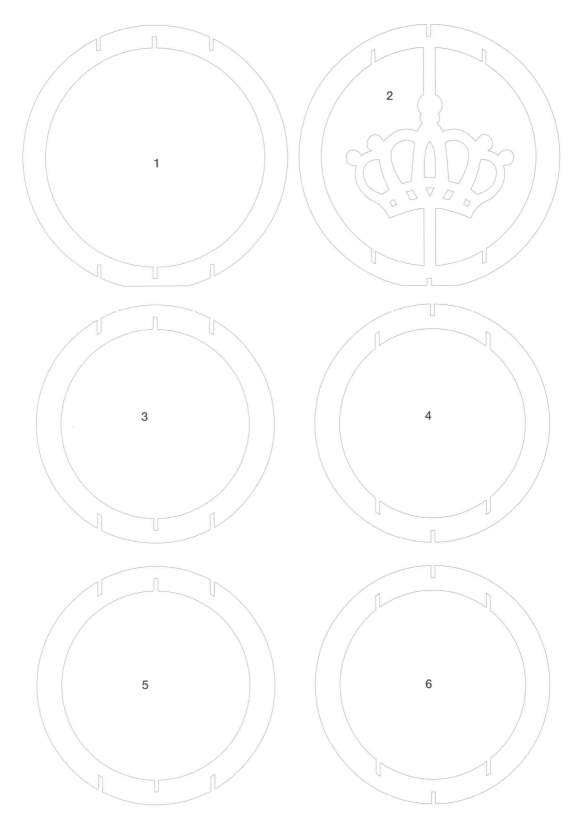

切り取り線

切り取り線

P.25 ● midium1　Merry Christmasのカード

101～104ページの厚紙をそのまま切り取って使えます。組み立て方は28ページ参照。

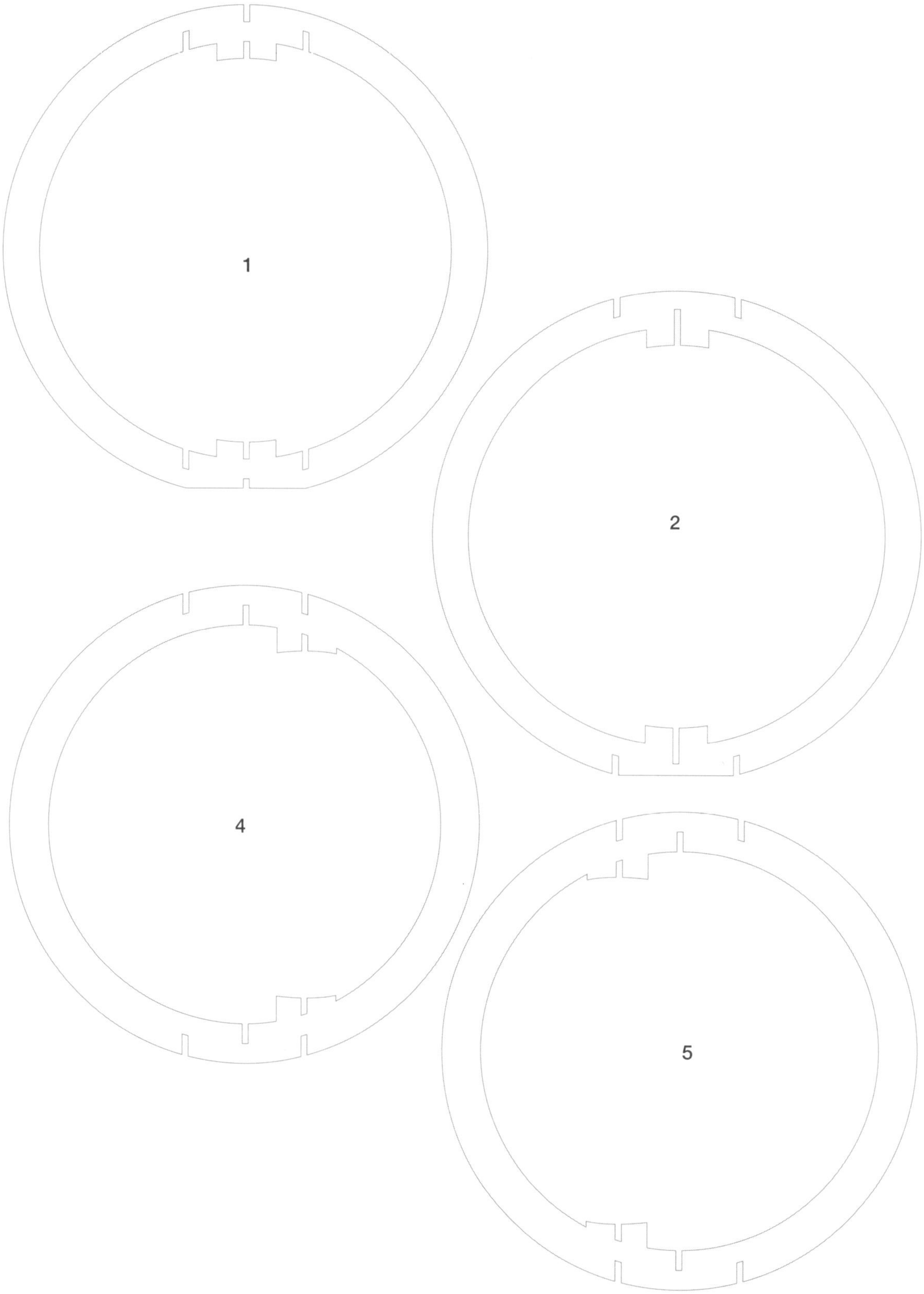

切り取り線

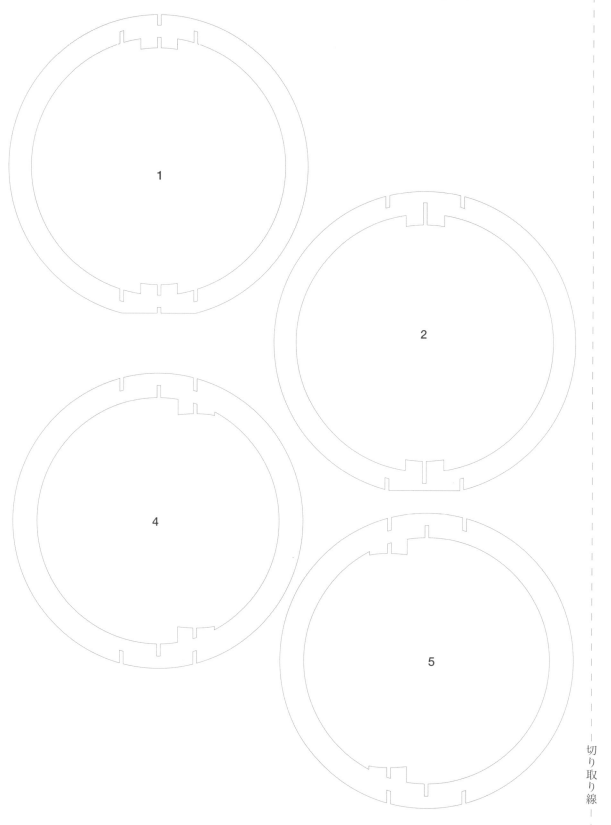

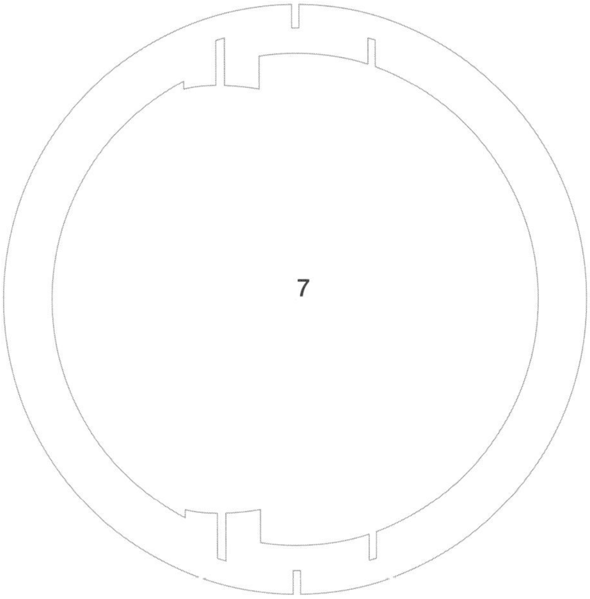

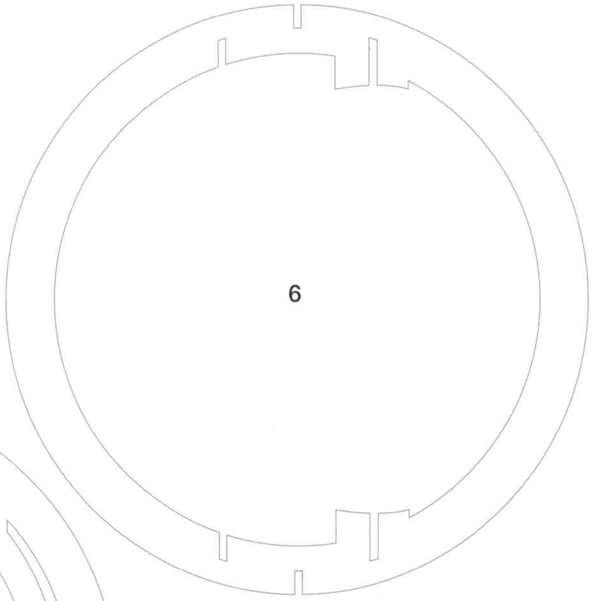

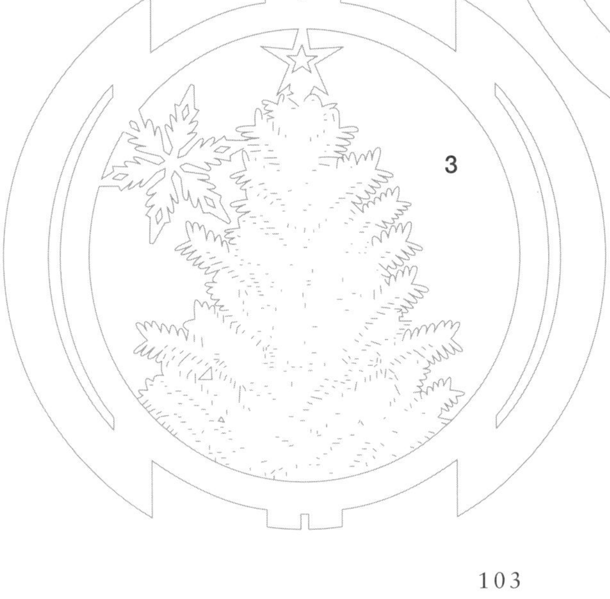

切り取り線

切り取り線

切り取り線

P.36 ● midium2　アリスとトランプのカード

105～110ページの厚紙をそのまま切り取って使えます。組み立て方は42ページ参照。

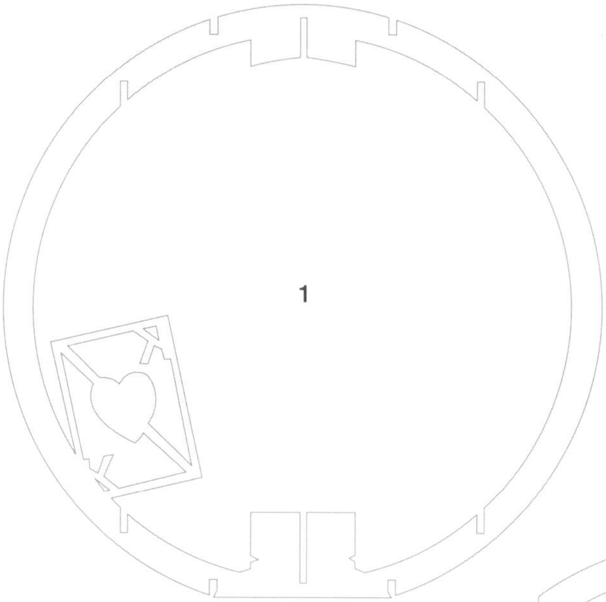

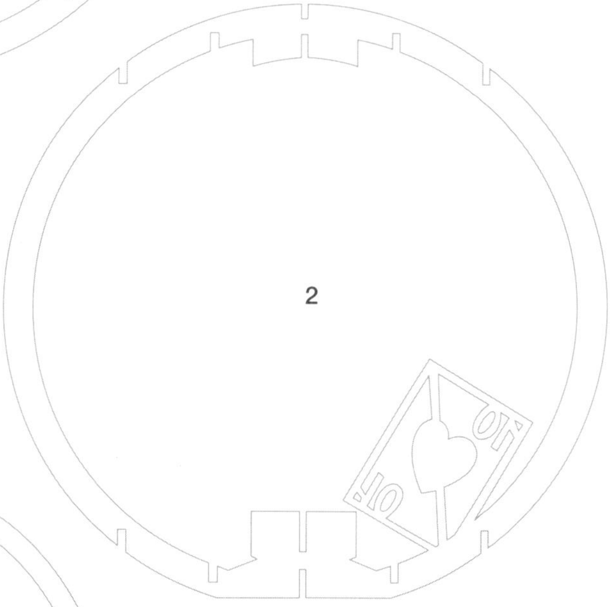

3

切り取り線

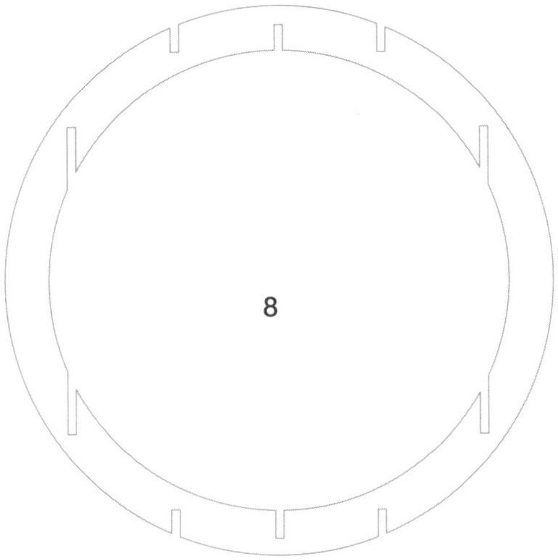

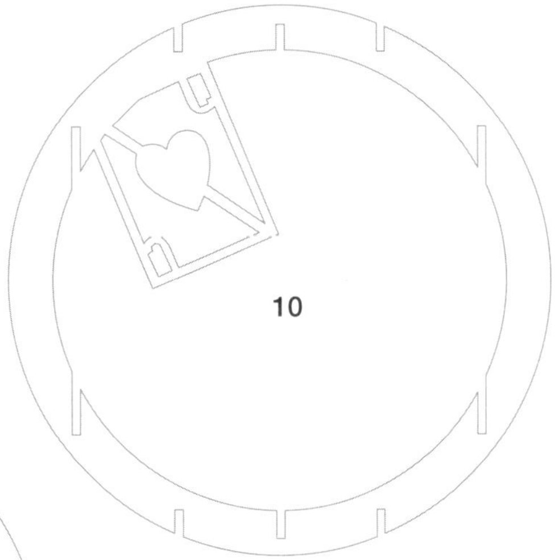

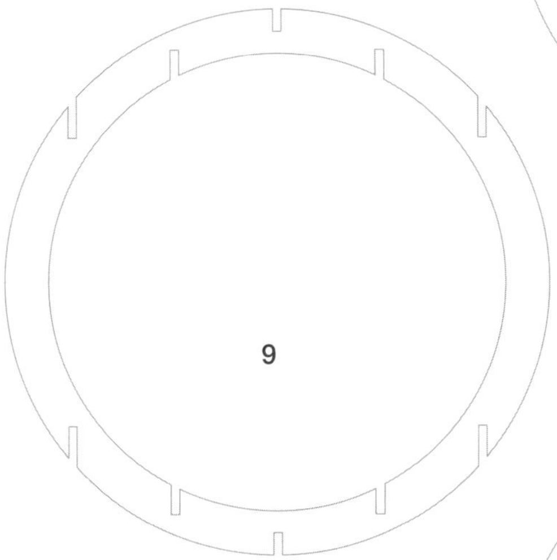

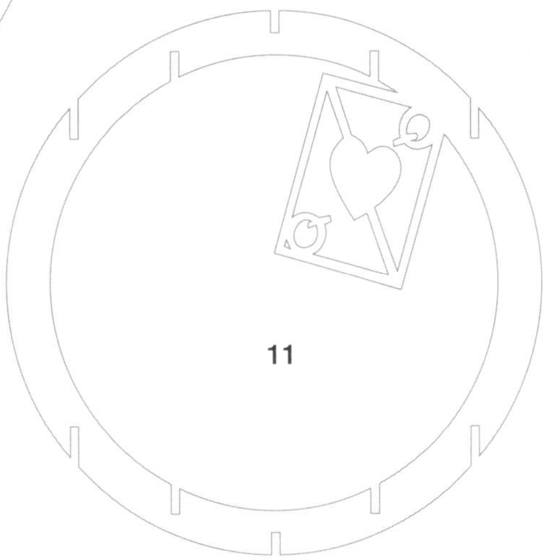

切り取り線

切り取り線

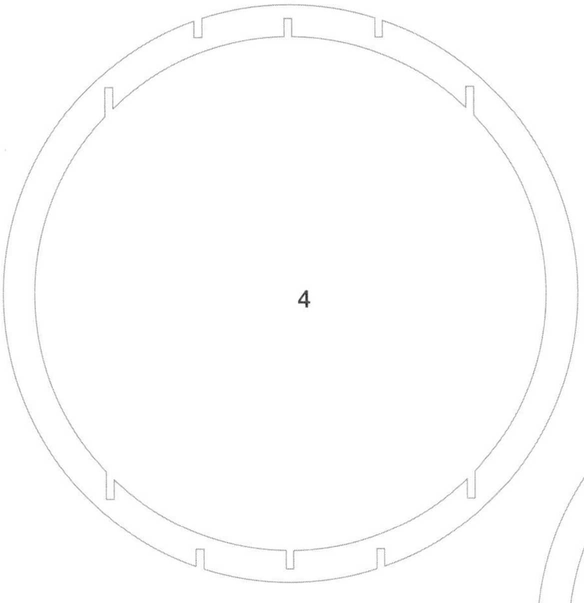

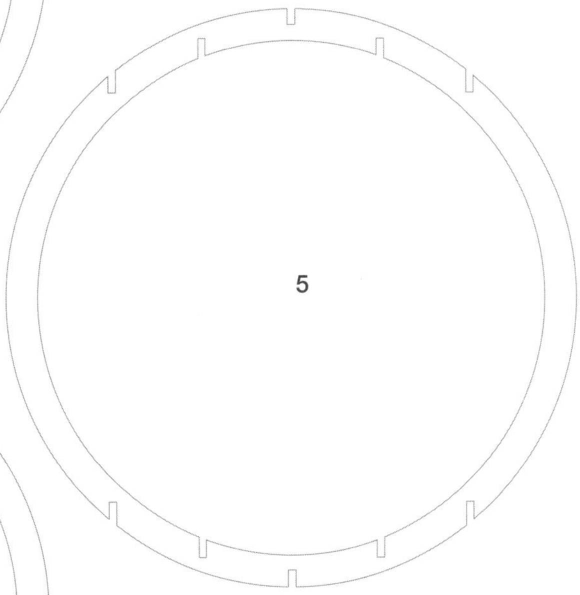

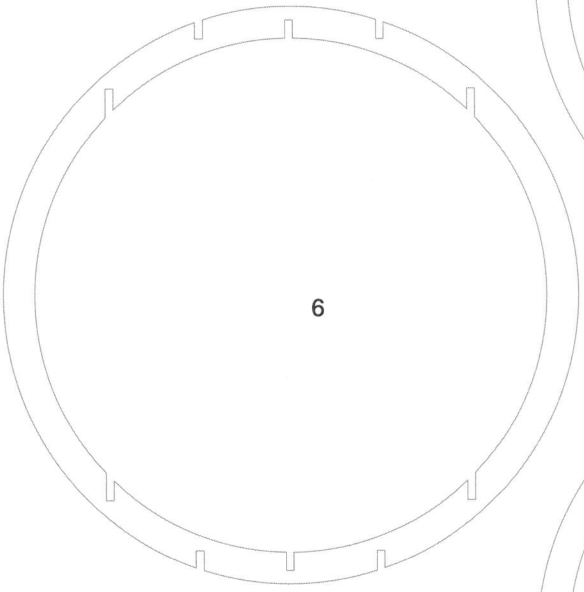

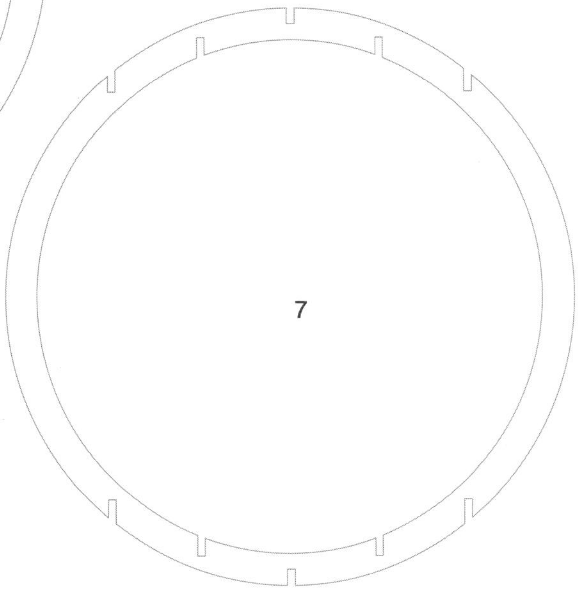

切り取り線

切り取り線

切り取り線

P.38 ● midium2　Happy Birthdayのカード

111～116ページの厚紙をそのまま切り取って使えます。組み立て方は42ページ参照。

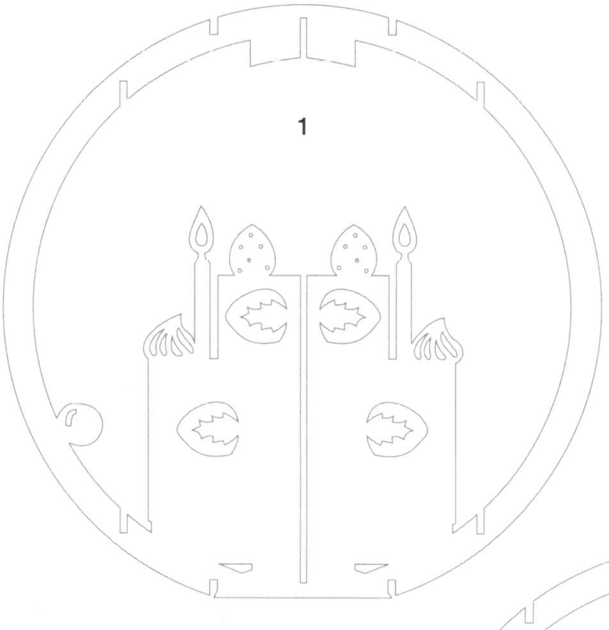

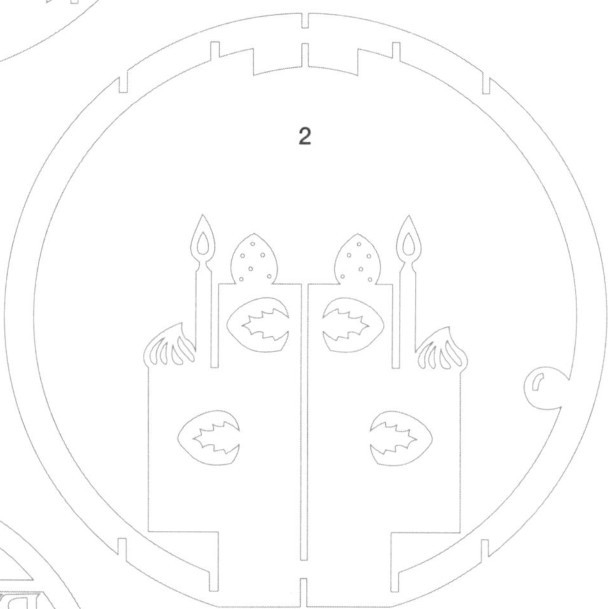

3

切り取り線

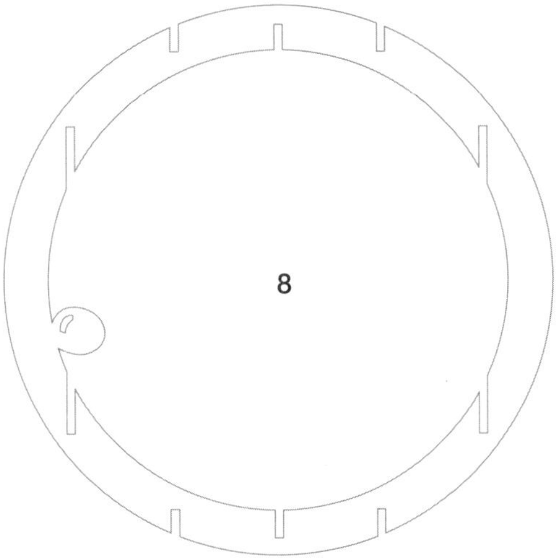

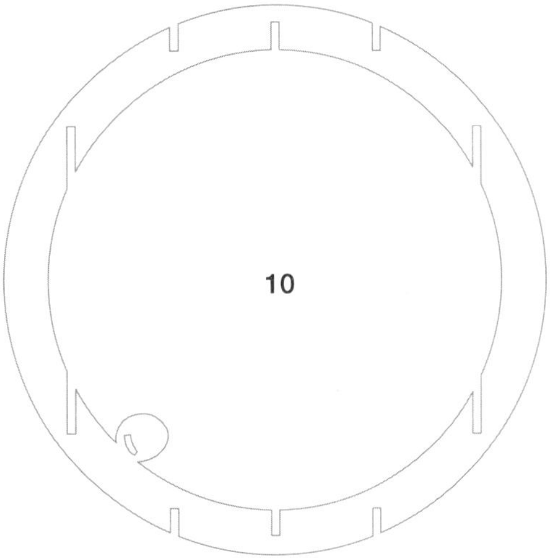

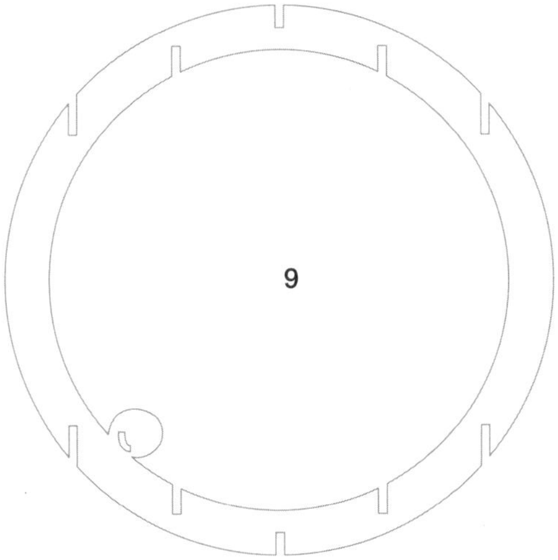

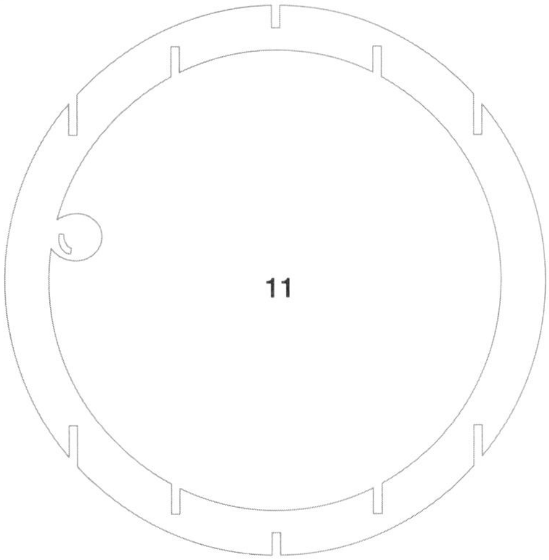

切り取り線

切り取り線

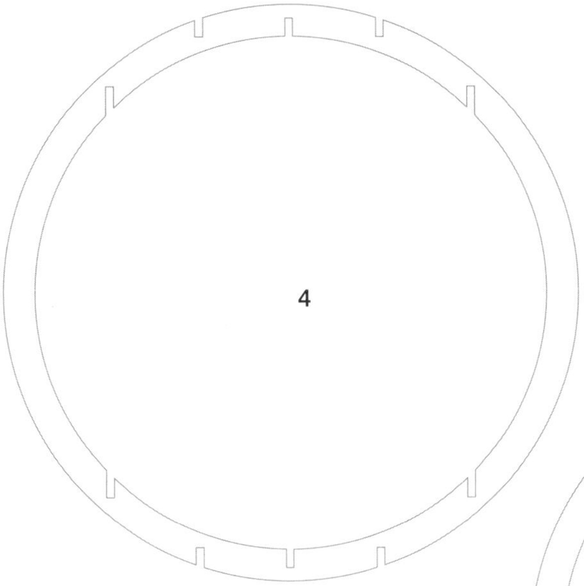

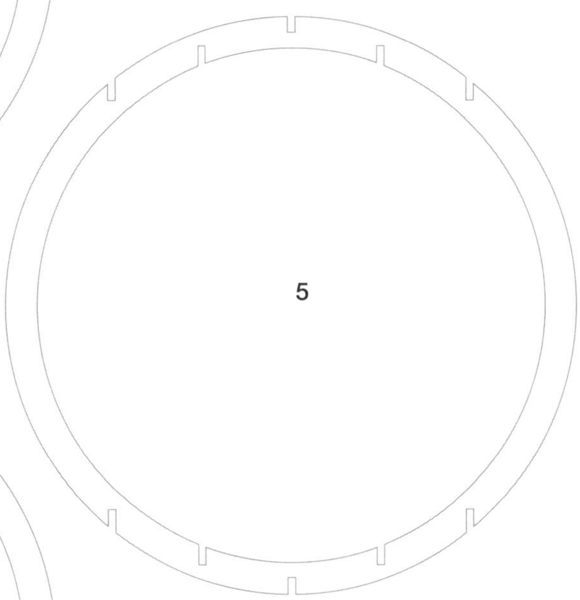

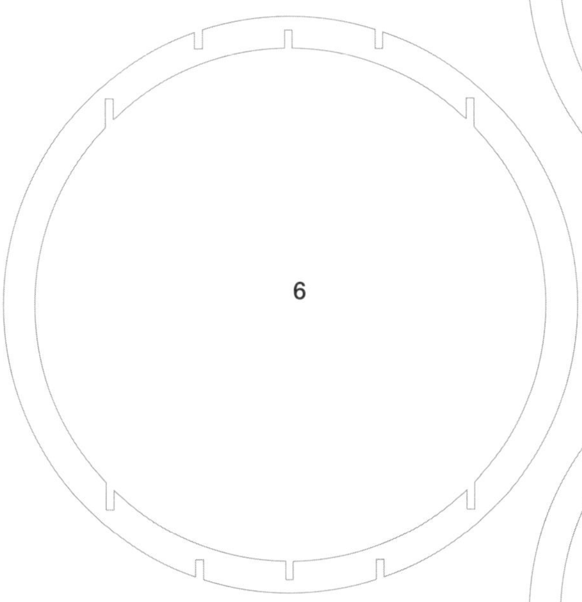

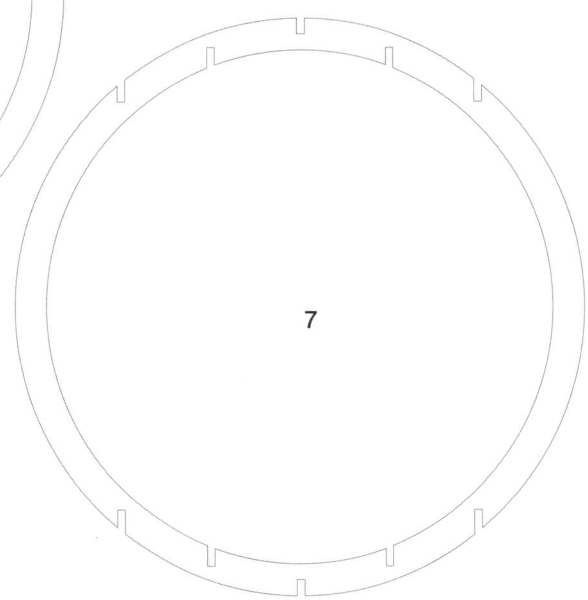

切り取り線

切り取り線

切り取り線

P.48 ● large　アリスのティータイムのカード

117～128ページの厚紙をそのまま切り取って使えます。組み立て方は52ページ参照。

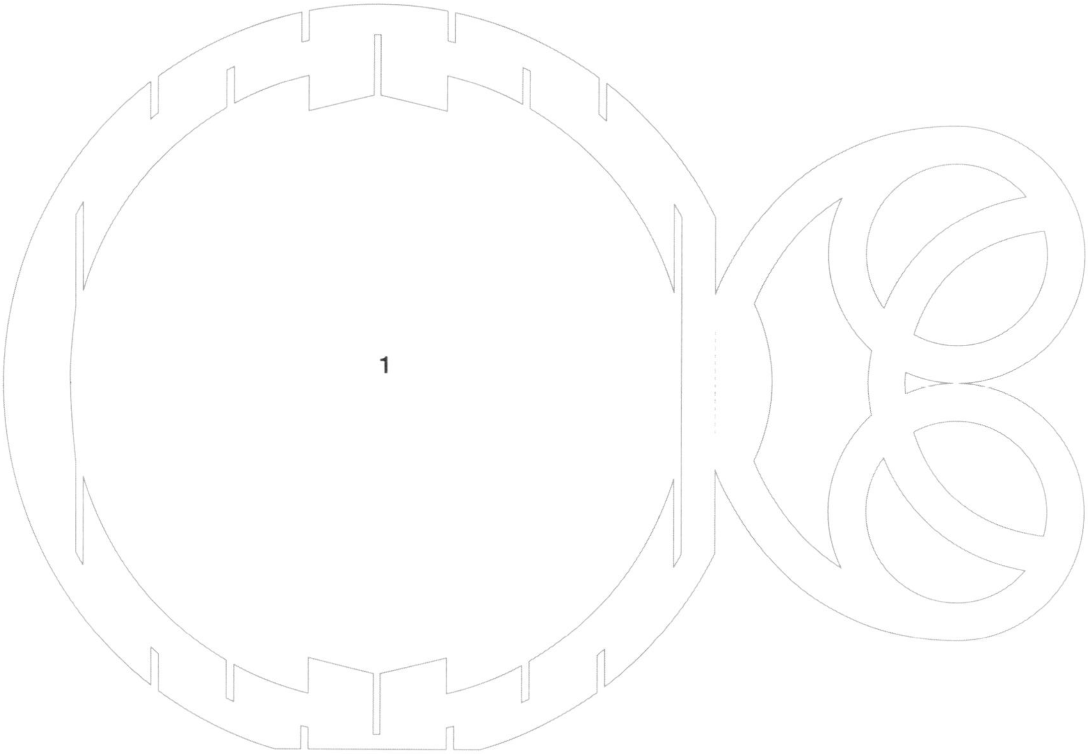

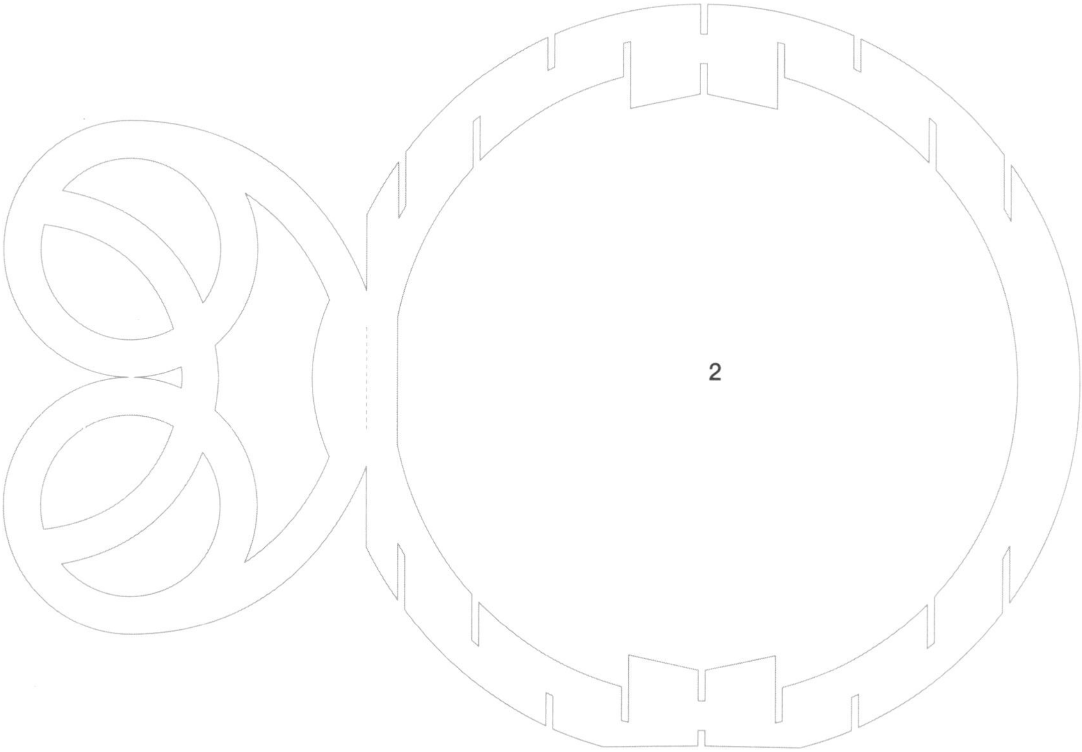

切り取り線

切り取り線

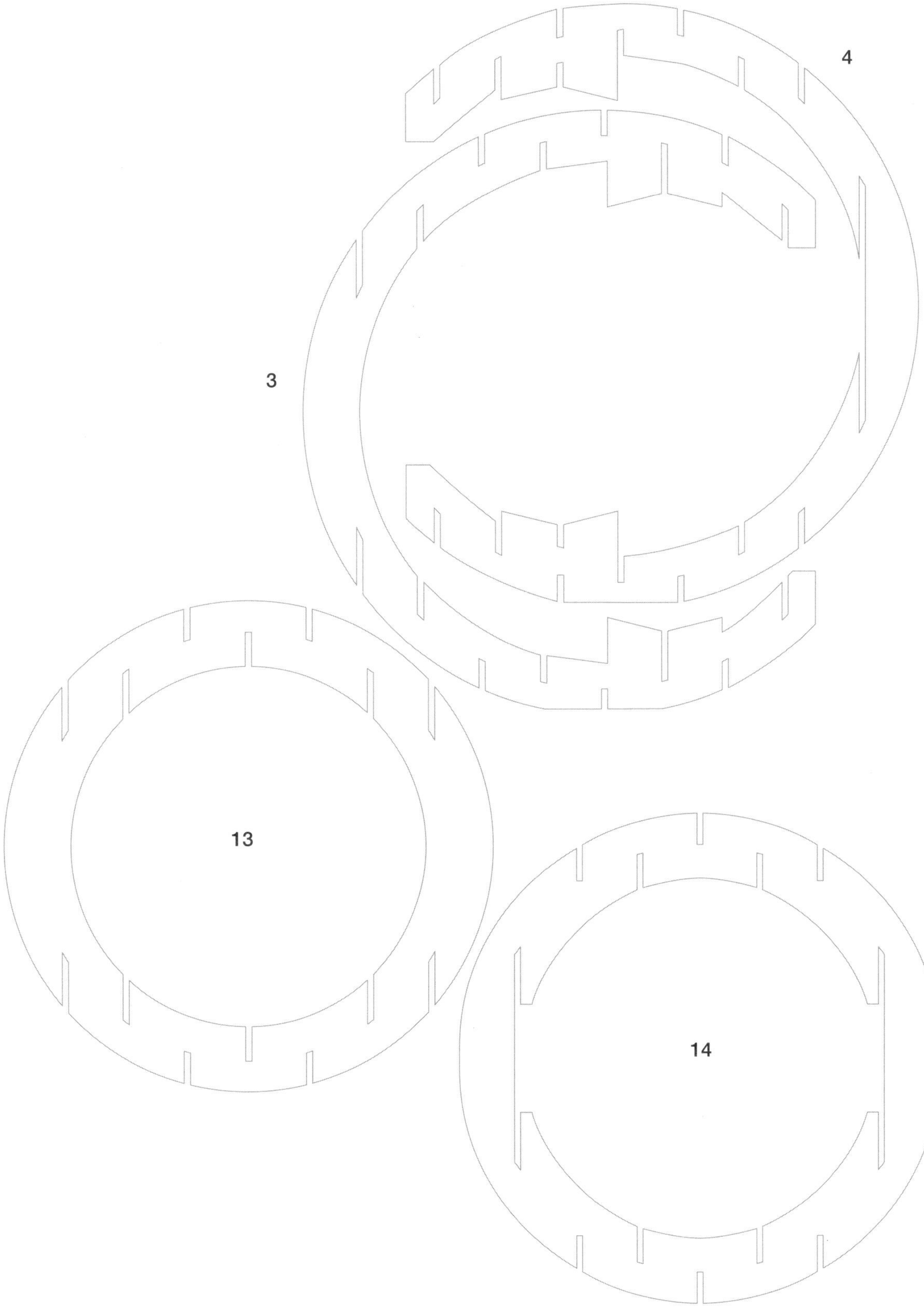

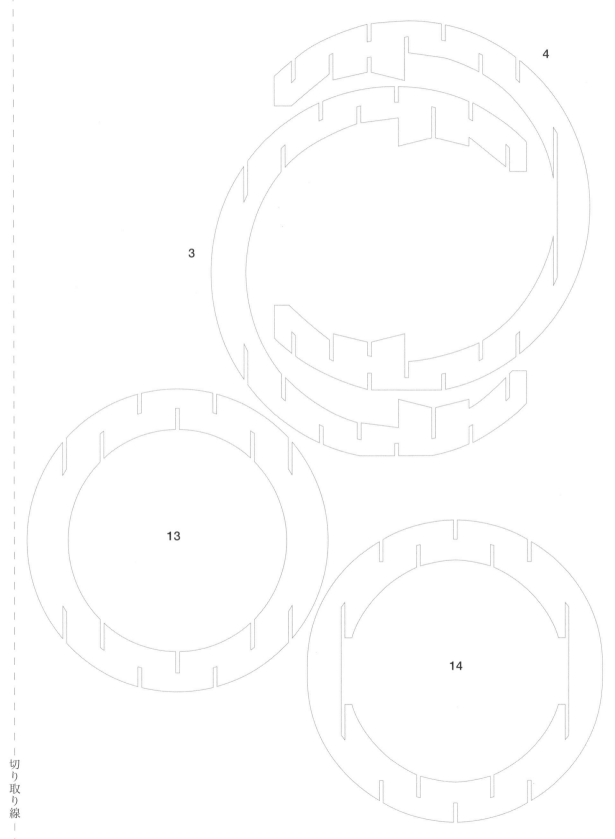

切り取り線

切り取り線

5

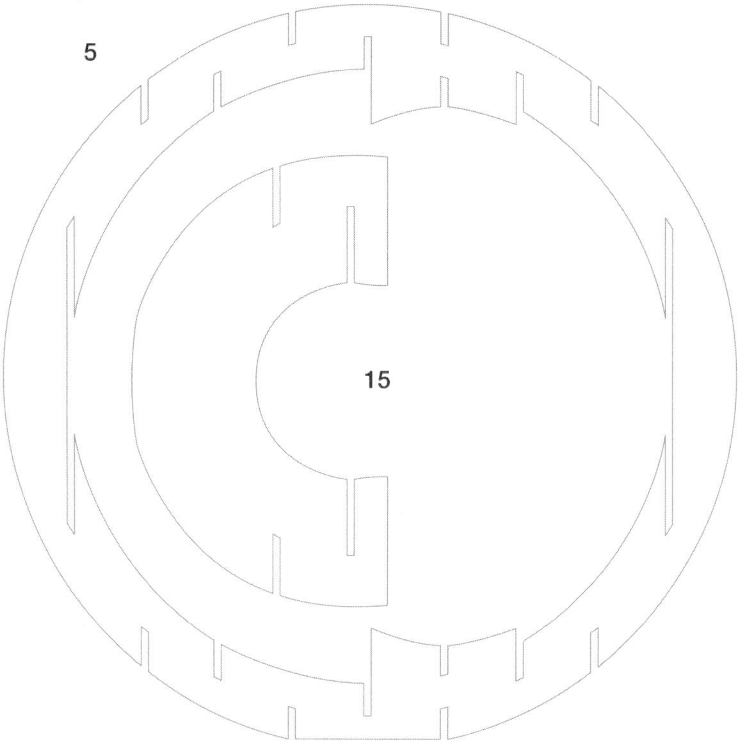

6

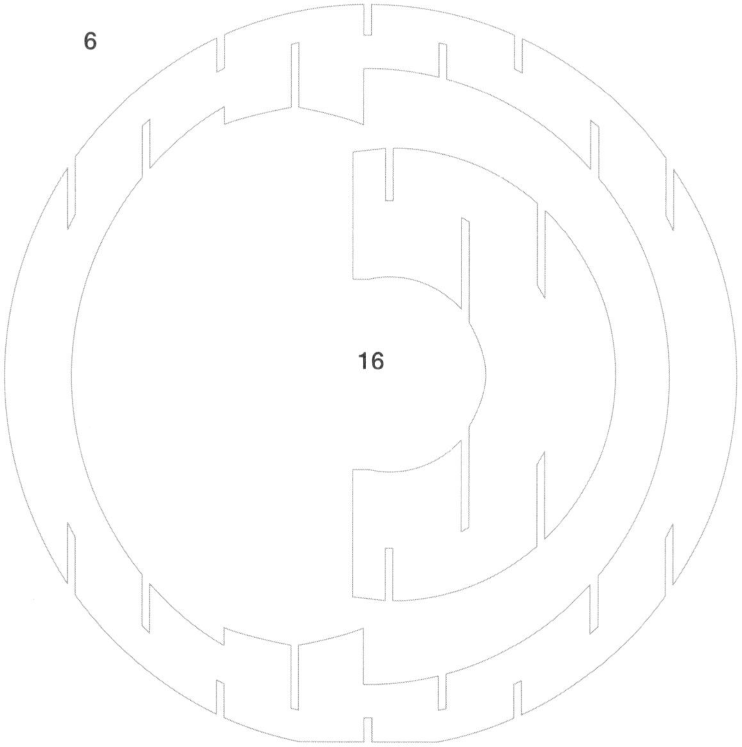

切り取り線

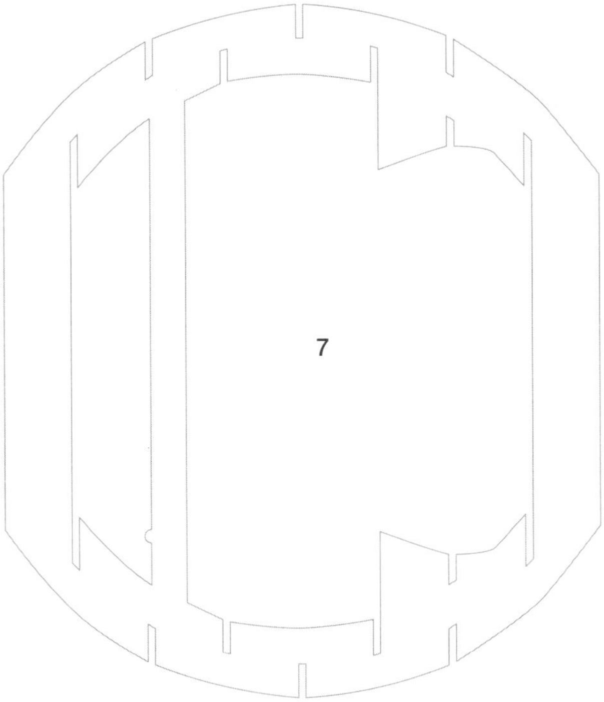

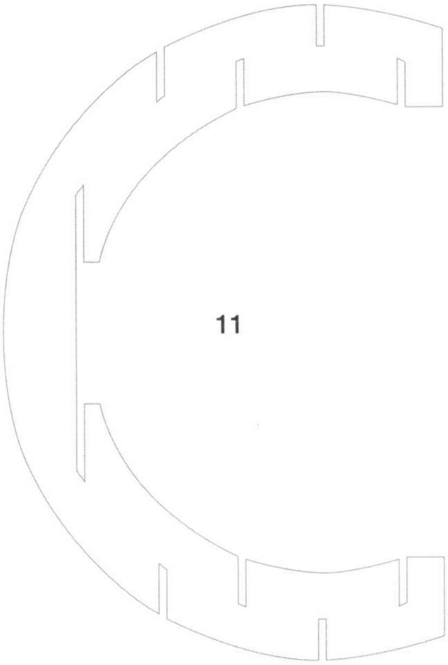

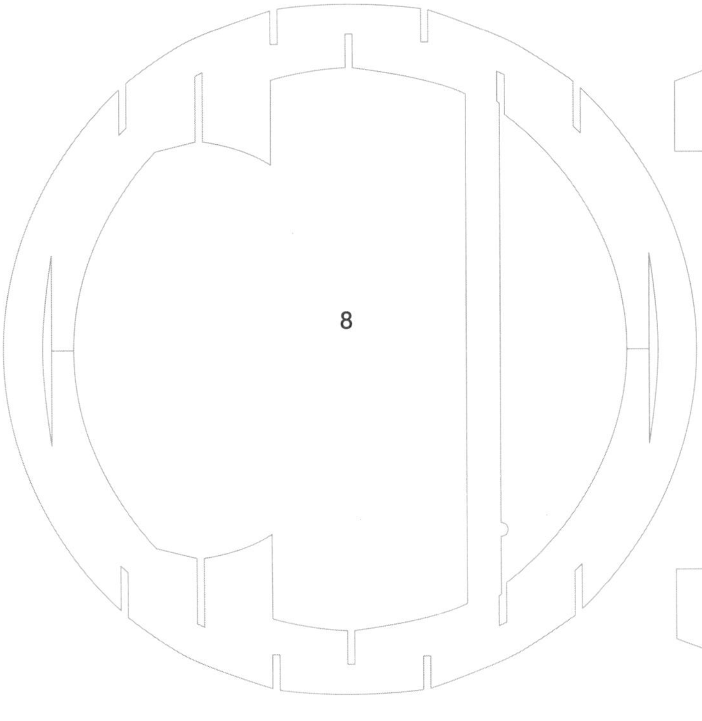

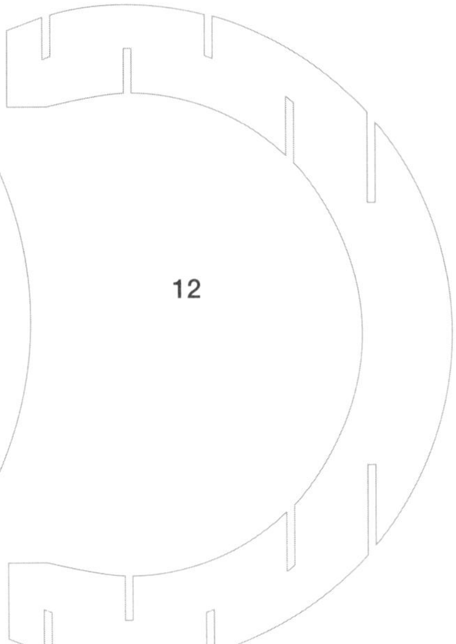

切り取り線

切り取り線

切り取り線

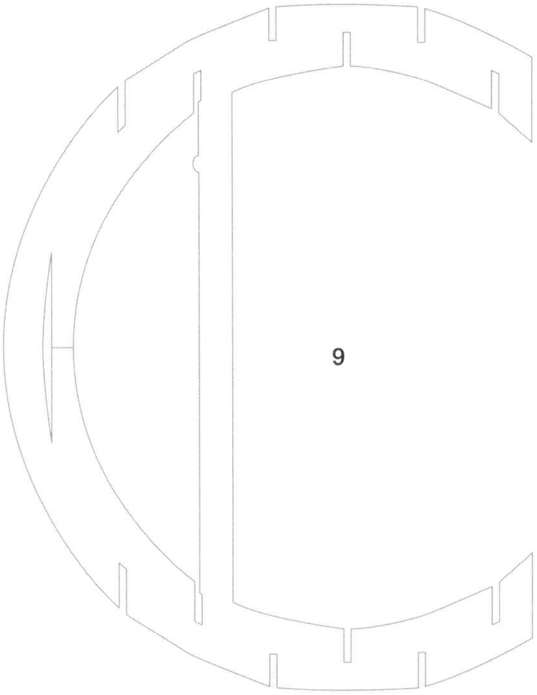

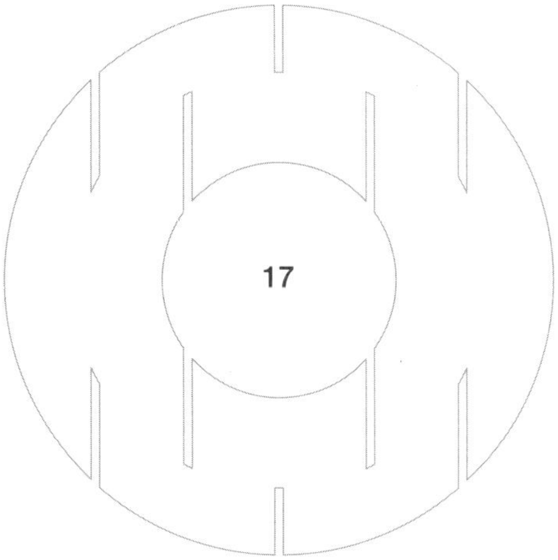

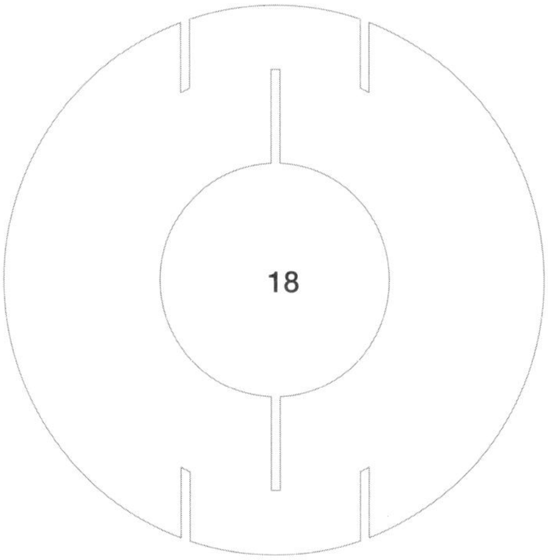

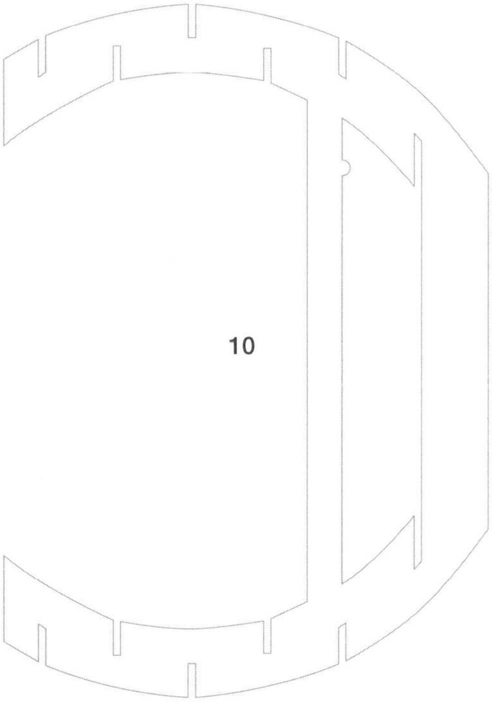

切り取り線

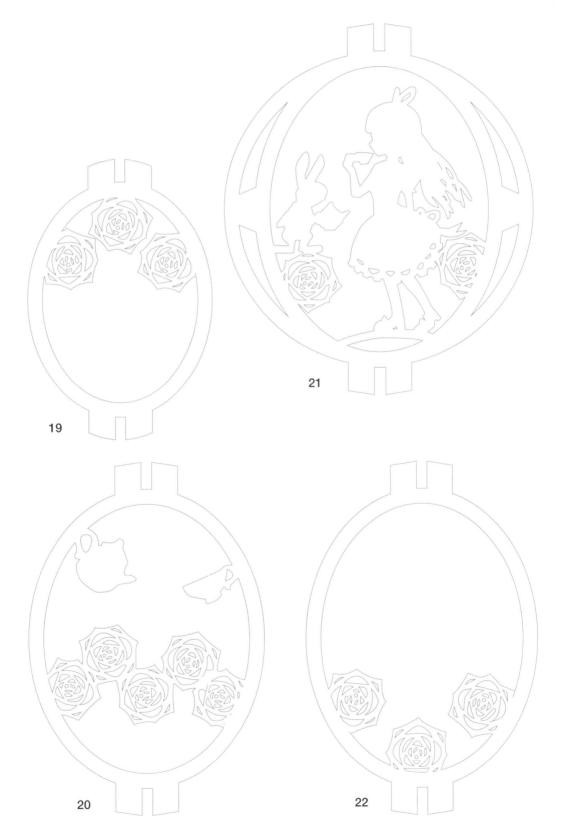

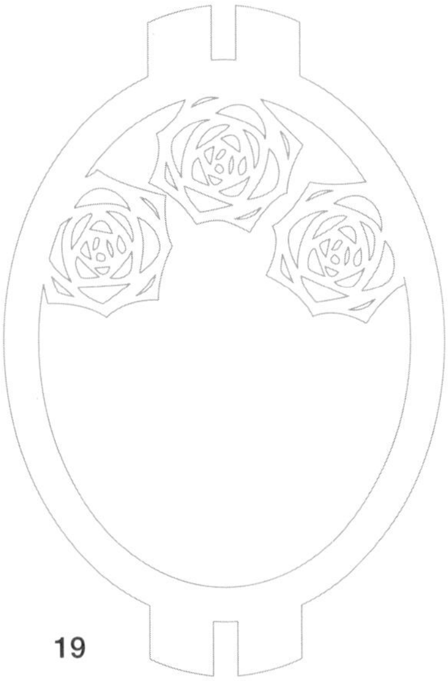

19

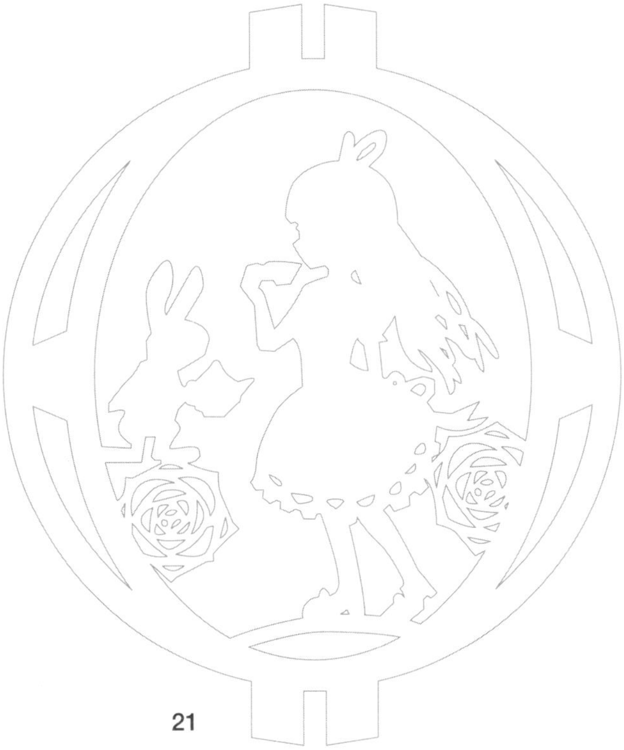

21

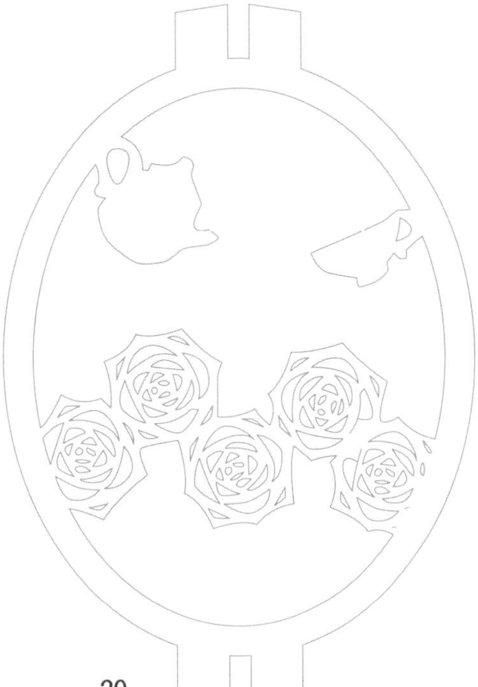

20

22

切り取り線

切り取り線